ANTOINE DE SAINT-EXUPÉRY

Fransız edebiyatının en fazla okunan ve tüm dünyaca bilinen eseri *Küçük Prens*'le ünlenmiş Fransız pilot, yazar ve şair. Fransa'nın Lyon şehrinde doğan yazarın çocukluğu okuldan ziyade uçaklarla ilgilenerek geçer. Pilot olmayı istese de annesini kırmamak için denizcilik okuluna, 19 yaşında ise Güzel Sanatlar Fakültesi Mimarlık bölümüne girer. 21 yaşında orduya çağrılınca eğitimini bırakıp askere gider. Askerliğin ardından giriştiği ticaret hayatında başarısız olur ve yazmaya başlar. 1926 yılı hayatında bir dönüm noktası olur: Bir posta uçağının pilotu olarak uçmaya başlar. İlk kitabı *Güney Postası*'nda ilk uçuş deneyimlerini, *Gece Uçuşu* adlı romanında Arjantin'deki yaşantısını anlatır. 35 yaşındayken uçağı arıza yapar ve aynen *Küçük Prens*'teki anlatıcı kahraman gibi çöle zorunlu iniş yaparak kaybolur... İspanya İç Savaşı sırasında bir Fransız gazetesine muhabirlik yapar. İkinci Dünya Savaşı başladığında sağlığı elvermemesine rağmen askere yazılır. Ancak Fransız hükümetinin Almanlara teslim olması üzerine ABD'ye gider. Burada yazdığı *İnsanların Dünyası* ve *Savaş Pilotu* adlı iki kitabı New York'ta çok tutulur. En önemli eseri *Küçük Prens*'i de bu dönemde yazar. ABD ordusuna katılarak yüzbaşı rütbesiyle Kuzey Afrika'ya gider. Bir keşif uçuşu sırasında 31 Temmuz 1944'te uçağı vurulur ve Marsilya açıklarında denize düşer. Uçağının enkazı 2000 yılında balıkçılar tarafından bulunur. Çizimlerini de kendi yaptığı, şiirsel ve felsefi bir eser olan *Küçük Prens* ilk kez 1943'te ABD'de, ardından 1946'da Fransa'da yayımlanır.

AHMET MUHİP DIRANAS

1908'de Sinop'ta doğdu. Ankara Erkek Lisesi'ni bitirince *Hâkimiyet-i Milliye* gazetesinde çalıştı (1930-1935). Ankara Hukuk Fakültesi'nde iki yıl kadar süren yüksek öğrenimini yarıda bırakarak İstanbul'a geldi. Edebiyat Fakültesi Felsefe Bölümü'ne girdi, bir yandan Güzel Sanatlar Akademisi'nde kütüphane müdürlüğü yaptı. 1938'de Ankara'ya döndü. CHP Genel Merkezi'nde Halkevleri Kültür ve Sanat Yayınları'nı yönetti (1938-1942). Askerlik dönüşü Ankara'da Çocuk Esirgeme Kurumu Yayın Müdürü (1946-1949), Kurum Başkanı (1957-1960), daha sonra İş Bankası Yönetim Kurulu üyesi oldu. Yedi Meşaleciler'i 1940 kuşağına bağlayan şairlerimiz içinde Cahit Sıtkı Tarancı ile birlikte şiirde sese, şekil mükemmelliğine önem verişi, Baudelaire sembolizminden hareket edip Türkçede yeni bir şiir dili ve yapısı yaratmaya çalışması ile şiirimizde kendine sağlam bir yer ayırdı. Tiyatro türünde de eserleri olan Dıranas bütün şiirlerini *Şiirler* (1974) adlı kitapta topladı. 21 Haziran 1980'de Ankara'da vefat etti. Yazıları ölümünden sonra *Yazılar* (1994) adıyla kitaplaştırıldı.

Kapı Yayınları 451
Edebiyat 168

KÜÇÜK PRENS
Le Petit Prince
Antoine de Saint-Exupéry

Çeviren: Ahmet Muhip Dıranas

1-2. Basım: Ocak 2015

ISBN: 978-605-5107-91-8
Sertifika No: 10905

Editör: Rifat Özçöllü - Hande Çetin Ongun
Kapak Tasarım: Eda Ayhangil
Sayfa Tasarım: Yavuz Karakaş

© 2014; bu kitabın yayın hakları Kapı Yayınları'na aittir.

Kapı Yayınları
Ticarethane Sokak No: 15 Cağaloğlu / İstanbul
Tel: (212) 513 34 20-21 Faks: (212) 512 33 76
e-posta: bilgi@kapiyayinlari.com
www.kapiyayinlari.com

Baskı ve Cilt
Melisa Matbaacılık
Matbaa Sertifika No: 12088
Çiftehavuzlar Yolu Acar Sanayi Sitesi No: 8 Bayrampaşa / İstanbul
Tel: (212) 674 97 23 Fax: (212) 674 97 29

Genel Dağıtım
Alfa Basım Yayım Dağıtım San. Tic. Ltd. Şti.
Ticarethane Sokak No: 15 Cağaloğlu / İstanbul
Tel: (212) 511 53 03 Faks: (212) 519 33 00

Kapı Yayınları, Alfa Yayın Grubu'nun tescilli markasıdır.

ANTOINE DE SAINT-EXUPÉRY

Küçük Prens

Çevirmen
AHMET MUHİP DIRANAS

Ahmet Muhip Dıranas'ın
bu çevirisi Çocuk Esirgeme
Kurumu'nun yayını olan *Çocuk ve Yuva*
dergisinde 1953-54 yılları arasında
tefrika edilmiştir.
Küçük Prens Türkçede ilk kez
Dıranas'ın çevirisiyle yayımlanmıştır.

Küçük Prens

LEON WERTH'e

Bu kitabı kocaman bir adama adadığım için çocuklardan beni bağışlamalarını istiyorum. Önemli bir özrüm var: bu koca adam, benim yeryüzündeki en iyi dostumdur. Bir başka özrüm de var: bu koca adam her şeyi anlayabilir, çocuklar için yazılmış kitapları bile. Üçüncü bir özrüm daha var: bu koca adam Fransa'da yaşıyor, hem aç, hem üşüyor. Enikonu ihtiyacı var avutulmaya. Bütün bu özürler yetmezse, ben de bu kitabı gönül rahatlığıyla o koca adamın çocukluğuna adarım. Bütün büyük insanlar eskiden çocuktular (ama aralarından pek azı anımsar çocukluğunu). Öyleyse adak yazımı düzelteyim:

Çocukluk Günlerinin
LEON WERTH'i için*

---

* Bu ithaf, kitabı hazırlarken esas aldığımız, Ahmet Muhip Dıranas'ın çevirisinin yayımlandığı dergi tefrikasında mevcut değildir. Küçük Prens'in orijinalinde var olan bu kısım Selim İleri'nin çevirisinden alınmıştır.

I

Altı yaşımdayken, bir gün, balta girmemiş ormanlar üzerine yazılmış *Başımdan Geçenler* adlı bir kitapta, o zamana kadar hiç rastlamadığım bir resim görmüştüm. Bu resim, yırtıcı bir hayvanı yutan bir boa yılanını gösteriyordu. İşte o desenin kopyası:

Kitapta diyordu ki; "Boa yılanları avlarını çiğnemeden, olduğu gibi yutarlar. Ondan sonra kıpırdayamaz hâle gelir, yuttuklarını hazmetmek için tam altı ay uyurlar."

Cengellerdeki, yani balta girmemiş ormanlardaki serüvenleri o zaman kafamda canlandırmaya çalışmış, hatta elime bir boya kalemi alıp bir de resim çizmiştim. Bu benim ilk desenimdi. Şöyle:

Kendi kendime pek beğendiğim eserimi büyüklere gösterdim, bunun onları korkutup korkutmadığını sordum. Bana, "Şapka insanı korkutur muymuş?" diye cevap verdiler. Oysaki resmim, bir şapkayı değil, yuttuğu fili hazmetmeye çalışan bir boa yılanını gösteriyordu. Bunun üzerine büyükler anlayabilsin diye tuttum bir de boa yılanının içini gösteren bir resim yaptım. Büyükler öyledir; bir şeyi açıklamadınız, izah etmediniz mi, anlamazlar. Bu seferki iki numaralı resim de şöyleydi:

Ama büyükler bana, karnı açık yahut kapalı boa yılanı resmi yapmayı bir yana bırakarak, coğrafyaya, tarihe, hesaba, gramere daha çok çalışmamı öğütlediler. Bu yüzden, ressamlık gibi güzelim bir mesleği, altı yaşımda terk etmek zorunda kaldım. Her iki desenimde de uğradığım başarısızlık cesaretimi kırmıştı. Büyük adamlar hiçbir şeyi tek başına anlamazlar, ille bir açıklama isterler. Onlara boyuna izahat vermek kadar da çocukları canından bezdiren şey yoktur.

Çaresiz, başka bir meslek seçtim. Uçak kullanmasını öğrendim, pilot oldum. Dünyanın hemen her tarafında uçtum diyebilirim. Coğrafyaya gelince; doğru, işime yaradı. Bir bakışta, Çin mi, Arizona mı, ayırt ederdim. Hele, geceleyin yolunu şaşırmışsan, coğrafya bilmek çok faydalı, hatta lüzumludur.

Böylece, hayatım boyunca, bir sürü ciddi adamla düşüp kalktım. Büyüklerin arasında çok bulundum. Hepsini yakından görüp tanıdım. Fakat ilk fikrimi pek değiştirmediler.

Mesela bunlar arasında biraz derin görüşlü sandığım birine rastladım mı, daima yanımda taşıdığım bir numaralı desenimle onu şöyle bir denerdim: Sahiden anlayışlı bir adam mı, değil mi, öğrenmek için. Ama her seferinde bana, "şapka resmi" der, çıkarlardı. Ben de bir daha ne boa yılanından, ne balta girmemiş ormanlardan, ne yıldızlardan konuşur, iyisi mi suyuna giderek briçten, golften, politikadan, kravatlardan falan söz açardım. O büyük adam da, benim gibi akıllı uslu biriyle tanışmış olmaktan memnun görünürdü.

II

Böylece bir Tanrı kuluyla doğru dürüst tek lakırdı edemeden, bundan altı yıl önce uçağımın bir yeri bozulup da Sahra'ya iniş yaptığım güne kadar âdeta yapayalnız yaşadım. Uçağımın motorunda bir parça kırılmıştı. Yanımda ne makinist, ne de yolcu vardı. Onun için, çok zor bir tamir işini kendim başarmak zorundaydım. Bu tamir işi o sırada benim için bir ölüm-kalım meselesiydi. Yanımda yedi sekiz güne yetecek içme suyum ya var ya yoktu.

İlk gece insanların bulunduğu yerlerden binlerce mil uzakta, kumlar üstünde uyudum. Okyanus ortasında bir sal üstünde kalmış bir kazazededen daha yapayalnızdım. İşte böyle bir yalnızlık ortasında birdenbire bir garip küçük sesin beni uyandırdığını duydum. Gün doğuyordu. Hayretimi bir düşünün. Ses, "Bana bir koyun resmi yapar mısın?" diyordu.

"Ha?"

"Bana bir koyun resmi yapar mısın?"

Yıldırımla vurulmuş gibi yerimden sıçradım. Gözlerimi ovuşturdum. İyice bakındım. Karşımda olmadık bir küçük delikanlı duruyor, ciddi bakışlarla beni süzüyordu. İşte onun, çok sonraları çizdiğim resmi:

Fakat bu resim elbette, modelinin sönük bir kopyasıdır. Ama bu benim kabahatim değil. Çünkü büyüklerim resim mesleğindeki cesaretimi daha altı yaşımda iken kırdılar. O günden bugüne resim namına karnı açık yahut kapalı boa yılanı resminden gayrı hiçbir şey beceremem.

Karşımdaki görüntüye hayretten büyümüş gözlerle bakıyordum. Unutmayın ki, insanların bulunduğu bölgelerden bin fersah uzaktaydım. Bu küçük adamsa ne yolunu şaşırmışa benziyordu, ne de yorgunluktan, açlıktan, susuzluktan yahut korkudan bitkin birine. İnsanların bulunduğu yerlerden bin fersah uzakta, çöl ortasında kaybolmuşa benzer bir hâli yoktu. Nihayet kendimi toparlayıp bir söz etmeye takat bulunca ona, "Sen burada ne arıyorsun?" diye sordum.

Fakat o bana tatlı bir sesle hem de pek ciddi bir şey söylüyormuş gibi

yine, "Lütfen, bana bir koyun resmi yap," dedi.

Bir sırrın üzerimizdeki etkisi kuvvetli olursa irademiz elimizden gider. Nitekim ben de insanların bulunduğu yerlerden bin fersah uzakta, üstelik bir de ölmek tehlikesi içinde olduğum hâlde saçma bir hareketle cebimden bir kâğıtla bir dolmakalem çıkardım. Fakat aynı anda tarih, coğrafya, matematik, gramer bildiğim hâlde resim yapmasını bilmediğim hatırıma geldi. Çocuğa, "Ama ben resim yapmasını bilmem," dedim.

"Olsun! Bana bir koyun resmi yap!"

Hiç koyun resmi yapmış değildim. Onun için tuttum, hayatımda becerebildiğim iki resimcikten bir tanesini bir daha çizdim: Yani karnı kapalı boa yılanı resmini. Fakat resmi görünce delikanlının verdiği cevaptan ağzım bir karış açık kaldı:

"Hayır! Hayır! Ben boa yılanı karnında fil resmi istemiyorum. Boa yılanı tehlikeli bir hayvandır. Fil de başıma dert olur. Çünkü benim yerim küçük bir yer. Ben bir koyun istiyorum. Koyun resmi yap."

Dediğini yaptım:

Resme dikkatle baktıktan sonra, "Olmadı," dedi, "hastalıklı bir koyun oldu bu. Başka bir tane yap."

Başka bir tane yaptım:

Küçük dostum âdeta bir hoşgörürlükle, tatlı tatlı gülümsedi.

"Ama bu koyun resmi değil, koç oldu, boynuzları var," dedi.

Bir üçüncü resim yaptım:
Onu da beğendiremedim.

"Bu da çok ihtiyar oldu. Ben uzun zaman yaşayacak bir koyun istiyorum."

Artık sabırsızlanmışım. Bir taraftan da aklım fikrim kırık motorumun tamirindeydi. Bu sefer şu gördüğünüz resmi çiziverdim:

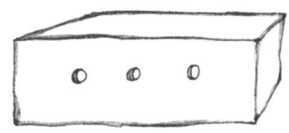

Kendisine dedim ki, "İstediğin koyun işte bu kutunun içinde!"

Çocuğun yüzünün birdenbire aydınlandığını hayretle gördüm.

"Tam benim dilediğim gibi oldu," dedi, "Acaba bu koyun çok ot ister mi?"

"Niye sordun?"

"Çünkü bizim orda çok ot bulamam da."

"Bulunduğu kadarı yeter. Ben sana küçük bir koyun yaptım zaten."

Resme doğru eğildi: "Minicik mi? Ah! Bak uyumuş."

İşte Küçük Prens'le tanışmamız böyle oldu.

III

Küçük Prens'in nereden geldiğini anlamak için aradan epeyce zaman geçti. Boyuna bana sual soruyor, fakat benim ona sorduklarıma kulak vermiyordu. Ağzından tek tük kaçırdığı kelimelerden ancak sırrını çözebildim. Uçağımı ilk gördüğü zaman (uçağımın resmini yapmayacağım, çünkü bu benim için epeyce güç olur), bana, "Ne biçim bir şey bu?" diye sordu.

"O şey değil. O uçar. Buna uçak derler. Benim uçağım."

Ona uçuyorum derken âdeta koltuklarım kabardı.

Küçük Prens âdeta bağırırcasına, "Nasıl?" dedi, "Gökten mi düştün?"

Boynumu büktüm: "Evet," dedim.

"Ah, çok tuhaf!" Küçük Prens, son derece tatlı bir

kahkaha attı. Onun gülüşüne çok kızdım. Başıma gelen felaketi ciddiye almasını isterdim.

Arkasından dedi ki, "Demek sen de gökten geliyorsun. Sen hangi yıldızda oturursun?"

Kafamda bir şimşek çaktı, Küçük Prens'in sırrına erer gibi oluyordum.

Birdenbire, "Demek sen başka bir yıldızdan geliyorsun," diye sordum.

Soruma cevap vermedi. Hep uçağıma bakarak hafifçe başını salladı:

"Doğru, sen o kadar uzaktan gelemezsin."

Uzun zaman daldı gitti. Sonra cebinden benim çizdiğim koyun resmini çıkardı, sanki pek kıymetli bir hazineymiş gibi baktı da baktı.

Bir başka yıldızlar âlemiyle yüz yüze gelmiş olmaktan duyduğum merakı tahmin edersiniz. Daha etraflı öğrenmek istiyordum.

Sordum:

"Nerden geliyorsun delikanlı? 'Bizim orası' dediğin yer neresi? Koyunu nereye götüreceksin?"

Önce bir düşündü; sonra, "Ne iyi ettin de koyunu bana bu sandıkla birlikte

verdin," dedi. "Geceleri başını sokacak bir dam olur ona."

"Elbette. Uslu olursan, onu gündüzleri bağlaman için sana bir de iple kazık veririm."

Bu teklifim Küçük Prens'in pek hoşuna gitmedi.

"Koyunu bağlamak! Amma tuhaf düşünce."

"Bağlamazsan başını alır gider, bir daha bulamazsın."

Küçük dostum katıla katıla güldü.

"Nereye gidermiş canım?" dedi.

"Nereye olursa. Burnunun doğrusuna."

Bu sözün üzerine Küçük Prens ciddileşti.

"Zararı yok," dedi. "Benim orası o kadar ufak yer ki..."

Sonra, galiba biraz da mahzun, "Burnunun doğrusuna uzun boylu gidilecek yer yok benim orada," dedi.

IV

Bu sözlerinden son derece önemli ikinci bir şey öğrenmiş oluyordum; o da Küçük Prens'in dünyasının bir evden daha büyücek bir yer olmasıydı.

Şaşmamıştım. Çünkü her birine birer ad taktığımız Arz, Merih, Zuhal, Zühre gibi büyük gezegenlerin dışında, gökyüzünde, hatta bazısı teleskopla bile görülemeyecek kadar ufak daha yüzlerce, binlerce başka gezegen olduğunu biliyordum.

Bilginlerden biri bu yıldızlardan birini keşfetti mi, ona herhangi bir ad yerine bir numara verir. Mesela "Gezegen 3251" der. Bazı işaretler Küçük Prens'in üzerinde yaşadığı gezegenin "B 612" olduğunu gösteriyordu. Bu yıldızı, yalnız bir defa, 1909 yılında, bir Türk gök bilgini görmüştü.

Bilgin o zaman bu keşfini milletlerarası astronomi

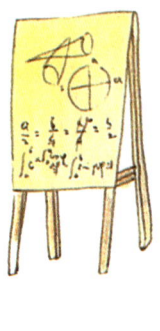

kongresinde önemle açıklamıştı. Gel gelelim, tuhaf kıyafetinden ötürü kendisine inanmamışlardı. Büyükler böyledir.

Bereket, Türkler sonradan büyük bir önderin yardımıyla Avrupalılar gibi giyinir oldular da B 612 yıldızının ünü kurtuldu. Daha doğrusu, o Türk gök bilgini, 1920 yılında, arkasında çok zarif bir elbiseyle tekrar kongreye katıldı, keşfini orada bir daha anlattı ve bu defa herkesi kendisine inandırdı.

B 612 gezegeni üzerinde bunca açıklama yapışımın, hatta size numarasını bile bildirişimin bir sebebi varsa o da büyüklerdir. Çünkü büyükler rakam sever. Onlara mesela yeni bir arkadaştan söz ettiniz, değil mi, hiç mi hiç işin

özüne girmezler, size sormazlar: Sesinin ahengi nasıldır? Hangi oyunları sever? Kelebek koleksiyonu yapar mı yapmaz mı? "Kaç yaşında?" diye sorarlar. "Kaç kardeşi var?", "Kilosu ne kadar?", "Babasının kazancı?"... Bunları bilmekle de onu öğrendiklerini, tanıdıklarını sanırlar. Büyüklere deseniz ki, "Kırmızı tuğladan yapılmış güzel bir ev gördüm. Pencerelerinde ıtır saksıları, damında güvercinler var...", bir türlü o evi gözlerinin önüne getiremezler. Onlara ille, "Bir ev gördüm. 100 bin lira eder," diyeceksiniz ki el çırpsınlar, "Aman ne güzel!" desinler.

İşte şimdi onlara, "Küçük Prens'in varlığı şundan belli ki, çok güzel bir çocuktu. Gülüyordu. Bir koyun istiyordu. Bir insanın koyun istemesi, var olması demektir," deseniz omuz silker, sizi çocuk bulurlar. Ama şayet onlara deseniz ki, "Küçük Prens B 612 numaralı yıldızdan gelmiştir," inanıverirler; bir yığın soruyla başınızı ağrıtmazlar. Böyledirler. Ayıplamamalı. Büyükleri çocuklar her zaman hoş görmeli, bağışlamalı.

Ama bizler ki, hayatı anlıyoruz, elbette rakamlarla alay ederiz. Ah keşke bu serüveni bir masal gibi anlatsaydım, keşke şöyle başlasaydım: "Bir varmış bir yokmuş, evvel zaman içinde, kalbur saman içinde, gökyüzünün bir yerinde nice nice yıl yıldızlardan birinde bir Küçük Prens varmış. Kendisi kadar küçük yıldızında bir de küçük arkadaşı olsun istermiş. Günlerden bir gün bu arkadaşı bulmak üzere yola düşmüş…"

Hayatı anlayan bizler için bunun daha gerçek bir hâli olmaz mıydı?

Çünkü kitabımın hafife alınmasını hiç istemem. Şimdi bu hatıraları hikâye ederken öyle zahmet çekiyorum ki… Küçük dostum koyunuyla beraber benden ayrılalı altı yıl oldu. Şimdi onu burada tasvir etmeye uğraşmam sırf onu unutmamak için. Bir dostu unutmak hazindir. İnsan kolayca dost edinemez. Bir de şu var: Ben de rakamlardan başka şeye değer vermeyen o büyük adamlar gibi olabilirim.

Bunu da düşünerek, hemen bir kutu boya ile kalem satın aldım. Benim yaşıma gelmiş, hele çocukluğunda yaptığı karnı açık yahut kapalı boa yılanı resminden başka çizgi çizmemiş bir adam için yeniden resme başlamak hayli zor. Şüphesiz onun portrelerini mümkünü kadar aslına benzetmeye çalışacağım. Çalışacağım fakat başarabileceğimi pek ummuyorum. Bakıyorum, resmin biri iyi gidiyor, fakat ikincisi berbat; hiç mi hiç benzemiyor. Boyunu bosunu da pek tutturamıyorum. Bir tanesinde Küçük Prens iri yapılı düşüyor, bir ötekisinde inadına ufak tefek. Elbisesinin renginde de tereddütlerim var. Hulasa, bir kararını bulamıyorum.

Nihayet, bazı daha önemli noktalar üzerinde de yanılacağım. Olsun, okuyucularım beni bağışlar. Çünkü küçük dostum hiçbir zaman bana her şeyi açık açık anlatmamıştır. Zahir, beni kendisi gibi sanıyordu. Ne yazık ki ben onun gibi sandıkların içindeki koyunları görmeyi bilemiyorum. Belki de azar azar büyükler gibi olmuşumdur, ihtiyarlamışımdır.

V

Üzerinde yaşadığı yıldız hakkında, oradan hareketi, sonra yolculuğu hakkında her gün bir şey öğreniyordum. Öğrendiklerim bir fikrin, bir sözün gelişinden çıkıveriyordu. Baobap ağaçlarının dramını da, üçüncü gün, bu şekilde öğrendim.

Bu da koyun sayesinde oldu. Küçük Prens büyük bir tereddüt geçiriyormuş gibi birdenbire bana, "Koyunların fidancıkları yediği sahi, değil mi?" diye sordu.

"Sahi!"

"Oh! Pek sevindim."

Koyunların fidanları yemesi niçin bu kadar ehemmiyetliydi, anlamadım. Küçük Prens, "Öyleyse baobapları da yerler!" diye ilave etti.

Küçük Prens'e anlattım. "Baobaplar küçük küçük fidanlar değildir," dedim,

"baobaplar camiler gibi, kiliseler gibi kocaman kocaman ağaçlardır; değil bir koyun, bir fil sürüsü götürsen tek bir baobabın hakkından gelemezsin."

Fil sürüsü fikri Küçük Prens'in pek hoşuna gitti, bir hayli güldü:

"Filleri orada birbirlerinin üstüne yığmak lazım," dedi.

Sonra akıllı uslu bir adam gibi, "Ama baobaplar da küçük fidanlardan olur," diye ilave etti.

"Öyledir. Fakat koyunlarının baobap fidanlarını yemesini niçin istiyorsun sen?"

Ortada pek belli bir şey varmış da ben onu bilmiyormuşum gibi, beni süzdü, "Peki, bakalım" diye mırıldandı. O zaman meseleyi çözebilmek için büyük bir zekâ çabası gösterdim.

Öyle ya, Küçük Prens'in yaşadığı yer yuvarlağında da bütün yer yuvarlaklarında olduğu gibi iyi bitkilerle kötü bitkiler vardı. İyi bitkilerin iyi tohumları, kötü bitkilerin kötü tohumları olur. Tohumlar göze görünmezler. Toprağın sırları içinde uyurlar. Ta ki içlerinden biri bu uykudan uyanmak sevdasına tutulmaya görsün. O zaman esner, gerinir; ilkin güneşe doğru güzel, küçük, zararsız bir sürgün verir. Eğer bu sürgün bir turp yahut gül sürgünü ise bırakın istediği gibi serpilip büyüsün. Yok, eğer kötü, zararlı bir bitkinin sürgünü ise, görür görmez söküp atmalı. İşte Küçük Prens'in dünyasında da böyle tehlikeli, zararlı tohumlar vardır; onlar da baobap tohumlarıydı. Bütün toprağı kaplamışlardı. Bir baobap ağacının, vaktinde davranılmazsa, şerrinden kurtulmaya imkân yoktur. Bütün gezegeni sarar. Kökleriyle onu delik deşik eder. Üstelik o gezegen çok küçük, baobaplar da çok sayıda ise yıldızı patlatır, tuzla buz ediverir.

Küçük Prens, daha sonra bana, "Bu bir disiplin meselesidir," demişti. "İnsan kendi sabah temizliğini bitirdikten sonra dünyanın da tuvaletini dikkatle yapmalıdır. Hele körpe çağlarında gül fidanlarına çok benzeyen baobapları muntazaman sökmeye kendini alıştırmak lazımdır. Bu üzücü bir iştir, fakat çok kolaydır."

Bunu bizim evdeki çocukların kafalarına da iyice yerleştirmek için güzel bir resim yapmaya çalışmamı günün birinde bana tavsiye etti. Diyordu ki, "Günün birinde seyahate çıkarlarsa, işlerine yarar. Bazen işini daha sonraya bırakmakta hiçbir mahzur yoktur, fakat baobap ağaçları bahis mevzuu olursa, iş felaket olur. Tembel birinin oturduğu bir dünya gördüm. Bu adam üç küçük ağacı ihmal etmişti."

Küçük Prens'in tarifine göre bu dünyanın resmini çizdim. Akıl hocası edasını hiç sevmem. Ancak baobapların tehlikesi o kadar az biliniyor ve bir yıldızcıkta işleri yüzüstü bırakmanın tehlikeleri o kadar küçümseniyor ki,

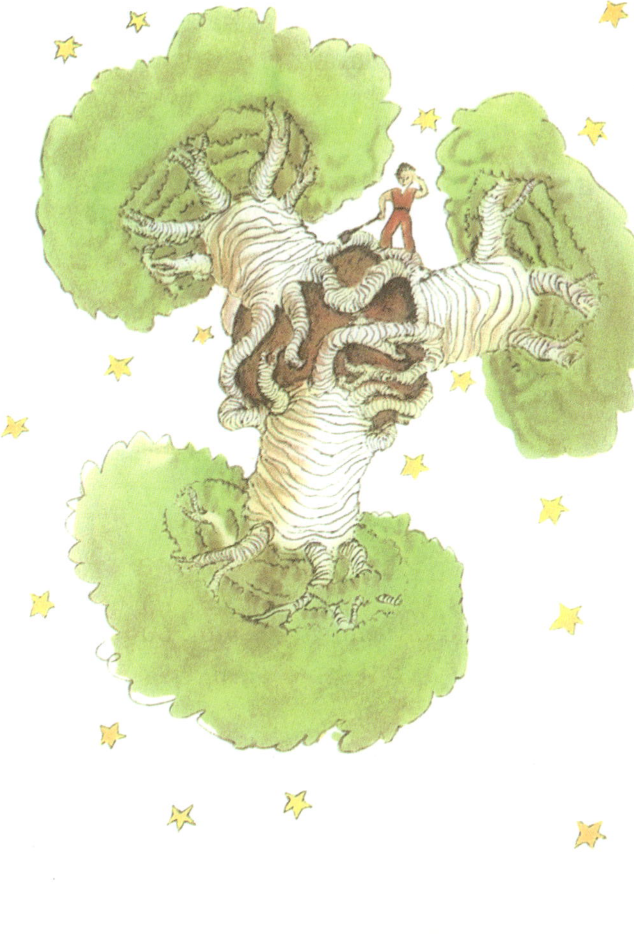

bir defaya mahsus olarak ihtiyatlılıktan çıktım ve şöyle dedim: "Çocuklar, baobaplara dikkat edin!" Bundan maksadım, benimle birlikte ne zamandır tehlikeyle yüz yüze bulunan dostlarıma ihtarda bulunmaktı. Bu resmi yapmak için o kadar çok çalışmam bundandır. Verdiğim ders zahmete değer. İhtimal bu kitapta niçin baobapların resimleri kadar büyük başka resimler bulunmadığını kendi kendinize soracaksınız. Bunun cevabı pek sadedir: Denemeye çalıştım ama başaramadım. Hâlbuki baobapların resimlerini çizerken vakit geçirmemek duygusunun tesiri altında idim.

VI

Ah Küçük Prens! Senin küçük mahzun hayatını yavaş yavaş anladım. Eğlence olarak güneşin tatlı bakışlarını uzun uzun seyretmekten başka bir şeyin yoktu. Dördüncü günün sabahı bana şunları söylediğin vakit bunu anladım. Dedin ki, "Güneşin batışlarını çok severim. Gidelim, bir gurup seyredelim."

"İyi ama beklemek lazım."
"Neyi beklemek lazım?"
"Akşam olmasını!"

Bu cevabım karşısında önce şaşırır gibi oldun, sonra kendi kendine güldün de bana dedin ki, "Kendimi hep kendi dünyamda sanıyorum."

Öyledir. Herkes bilir ki Amerika'da öğle vakti olunca Fransa'da güneş batar. Güneşin batışında hazır bulunmak için bir dakikada Fransa'ya gitmek yeter. Ama Fransa çok uzaktır. Oysaki senin küçücük dünyanda iskemleni birkaç adım ileri sürmen yetişiyordu. Dilediğin an gün batışını seyredebiliyordun.

Bana dedin ki, "Bir günde güneşin kırk üç defa battığını gördüm." Sonra ilave ettin:

"Biliyor musun, insan çok dertli olursa güneş batışlarını seyretmeyi sever."

"Kırk üç defa güneşin battığı gün demek ki o kadar dertliydin, öyle mi?"

Fakat Küçük Prens bu soruma cevap vermedi.

VII

Beşinci gün, her zaman olduğu gibi yine koyun sayesinde, Küçük Prens'in hayatının şu sırrını da çözdüm:

Bana birdenbire, hiçbir söz gelişi yapmadan, uzun zaman sessiz sedasız düşünüp de kafasında oldurduğu bir meseleyi öğretmek ister gibi, "Bir koyun," diye sordu, "küçük fidanları yerse, çiçekleri de yer tabii, değil mi?"

"Bir koyun ne bulursa yer!"

"Dikeni olan çiçekleri de yer mi?"

"Yer."

"Öyle ise dikenler ne işe yarar?"

Ben bilir miyim? O sırada motorda çok sıkışmış bir vidayı gevşetmeye uğraşıyordum. Endişe içindeydim, motordaki bozukluk çok ciddi idi; üstelik içme suyunun tükenmekte oluşu dehşetimi büsbütün artırıyordu.

"Dikenler ne işe yarar?"

Küçük Prens, bir düşünceye saplanıp bir defa bir soru sormaya görsündü, öldür Allah ondan vazgeçmiyordu. Sıkışık vidadan zaten kafam kızgındı, rastgele bir cevap verdim:

"Dikenler hiçbir işe yaramaz, sadece çiçeklerin kötü huylarıdır."

"Ah!" dedi. Bir düşündü fakat sözüme kanmadı, hırslandı:

"İnanmam," dedi. "Çiçekler zavallıcıktır, zayıftır, nahiftir. Sadece ellerinden geldiğince korunmaya çalışırlar. Dikenleri olunca kendilerini dev gibi kuvvetli sanırlar..."

Hiç ses çıkarmadım. O anda içimden şu geçiverdi: "Eğer bu vida biraz daha inat ederse, çekici indirdiğim gibi kırıp atacağım."

Küçük Prens yine kafamı karıştırdı:

"Demek sen sanıyorsun ki, çiçekler..."

"Benim, hiçbir şey sandığım yok, rastgele bir cevap verdim o kadar. Görüyorsun ki şimdi ciddi işlerle meşgulüm."

Şaşkın şaşkın yüzüme baktı:

"Ciddi işlerle mi?"

Hâlime bakıyordu; elimde bir çekiç, parmaklarım makine yağından kapkara, ona tabii son derece çirkin gelen bir nesnenin üzerine eğilmişim...

"Sen büyükler gibi konuşuyorsun!" dedi.

Bu sözü beni biraz utandırdı. Fakat o aman vermeden ilave etti:

"Sen her şeyi birbirine karıştırıyorsun, sonra da işin içinden çıkamıyorsun." Bayağı hiddetlenmişti. Altın saçlarını rüzgâra katarak, "Ben bir yıldız biliyorum," dedi. "Üzerinde kırmızı bir efendi yaşar. Ömründe bir çiçek koklamamıştır, bir yıldıza bakmamıştır, bir insanı sevmemiştir. Hep çıkarını düşünmüştür. Allah'ın günü, 'Ben ciddi bir adamım, ben ciddi bir adamım!' der durur. Bu hâline de bayılır. Ama bu bir adam değil, bir mantardır."

"Bir, nedir?"

"Mantar."

Küçük Prens'in hiddetinden yüzü sapsarı kesilmişti.

"Milyonlarca yıldızda çiçekler diken yaparlar. Milyonlarca yıldızda da koyunlar pekâlâ çiçekleri yerler. Demek, çiçeklerin, hiçbir işe yaramayan bu dikenleri yine de imal etme zahmetine katlanıp durmalarını araştırmak ciddi bir iş değildir, öyle mi? Koyunlarla çiçekler arasındaki savaş önemli değildir?

Bunlar, göbekli bir kırmızı efendinin çıkarlarından daha önemli, daha ciddi değildir ha? Ya benim biricik bir çiçeğim olsa, eşi dünyalarda bulunmasa, sonra günün birinde bir sabah bir koyun çıkıp bir çırpıda, hem de ne yaptığının farkında olmadan, onu yok etse, demek bu hiç de önemli bir olay değildir, öyle mi?"

Kıpkırmızı olmuştu. Devam etti:

"Bir insan bir çiçeği sevse, o çiçek de milyonlarca, milyarlarca yıldızların bir tanesinde bulunsa, sadece yıldızları seyretmek bile o insanı bahtiyar etmeye yeter. Der ki kendi kendine, 'Çiçeğim orada bir yerde!' Fakat eğer koyun çiçeği yerse, o insan için o yıldızların hepsi birden söner. Önemi yok, öyle mi?"

Daha fazla konuşamadı. Birdenbire hıçkıra hıçkıra ağlamaya başladı. Hava kararmıştı. Elimdeki çekici fırlatıp attım. Artık çekiciydi, vidasıydı, susuzluğuydu, ölümüydü, bunların hiçbiri umurumda değildi. Bu dünyada, yıldızlardan bir yıldız olan Arz adlı benim dünyamda, şu anda teselli edilmeye muhtaç bir Küçük Prens vardı. Kollarımın arasına aldım, salladım. "Korkma," dedim, "sevdiğin çiçeğe bir şey olmaz. Koyunun ağzına bir gem resmi çizeceğim, çiçeğine de zırhlar giydireceğim. Sana..." Ona başka ne diyeceğimi bilmiyordum. Şaşkındım, beceriksizdim. Gözyaşlarını nasıl dindirmeli, onun bulunduğu merhaleye nasıl ulaşmalıydım. Gözyaşları diyarı o kadar esrarlı ki...

VIII

Bu çiçeğin sırrını kısa bir zamanda öğrendim. Küçük Prens'in yaşadığı dünyada, çok basit, yalınkat çiçekler var idi. Bu çiçekler toprakta fazla yer kaplamıyor, kimseyi de rahatsız etmiyordu. Sabahın erken saatlerinde çimenler arasında açıyor, akşamla soluveriyorlardı. Fakat bu beriki, bir gün nerden ve nasılsa gelen bir tohumdan sürmüştü. Öteki sürgünlere hiç benzemeyen bu sürgünü Küçük Prens çok dikkatle gözaltına almıştı. Bu, yeni bir baobap türü olabilirdi. Fakat sürgün kısa bir zaman sonra, büyümesini durdurmuş, çiçek açma hazırlığına başlamıştı. Kocaman tomurcuğun başından ayrılmayan Küçük Prens, bu tomurcuktan hiç görmediği güzellikte bir çiçeğin açmaya hazırlandığını hissediyordu. Fakat çiçek, yeşil odacığındaki süsünü bir türlü bitirip de dışarıya çıkamıyordu. Renklerini bin nazla seçiyordu. Acele etmeden giyiniyor, yaprak üstüne yaprak kuşanıyordu. Belli ki gelincik gibi pejmürde sayılmak istemiyordu. Güzelliğini bütün parıltısıyla gösterecekti. Pek yosma bir şeye benziyordu. Günlerce, haftalarca esrarlı tuvaletini bitirememişti. Nihayet bir sabah, tam günün doğduğu saatte, görünmüştü.

Binbir özenle hazırlanmış olmasına rağmen, Küçük Prens'e esneyerek, "Ah!" dedi, "Uykudan yeni uyanıyorum... Kusuruma bakmayın, daha giyinip kuşanamadım."

Küçük Prens hayranlığını tutamadı: "Ne kadar güzelsiniz."

Çiçek tatlı bir sesle, "Güzelim ya," dedi. "Hem de güneşle beraber doğdum."

Küçük Prens, çiçeğin hiç de mütevazı olmadığını anlamıştı fakat o kadar çekici, o kadar güzeldi ki!

"Zannedersem kahvaltı saati..." diye ilave etmişti, "Lütfen bana su verir misiniz?"

Küçük Prens, derhâl su kovasına taze su doldurup onu suladı. Çiçeğin gururu, kendini beğenirliği artmıştı. Mesela bir gün, dört tane dikeninden söz ederken, Küçük Prens'e, "Bu dört dikenim var ya, isterse yırtıcı pençeleriyle kaplanlar gelsin!" demişti.

Küçük Prens hemen, "Benim yıldızımda kaplan yok. Hem olsa da kaplanlar yeşillik yemezler!" diye cevap vermişti.

Çiçek usulca, "Ben yeşillik değilim," dedi.

"Özür dilerim."

"Kaplanlardan korkmam ama hava cereyanından ödüm kopar. Bir paravanınız yok mu?"

Küçük prens içinden, "Hava cereyanından korkuyor... Zavallı çiçek... Ne talihsiz," diye düşündü. "Anlaşılmaz bir çiçek bu."

"Gece olunca da üzerime bir şey örtmelisiniz. Sizin dünyanız çok soğuk. Mevkii iyi değil. Hâlbuki benim geldiğim yer..."

Fakat sözün arkasını getirmemişti. Oradan bir tohum olarak geliyordu. Bir tohumun toprağından başka dünyaları tanımasına imkân yoktu. Çocukça bir yalan söylemek istemiş, yalanı belli olmuş, bu yüzden utanmıştı. Fakat baskın çıkmak için iki üç defa öksürmüş, "Hani paravan?" diye sormuştu.

"Gidip getireceğim, fakat konuşuyordunuz."

Buna rağmen çiçek, gene de Küçük Prens'e azap vermiş olmak için üst üste öksürdü.

Bu hâlleri Küçük Prens'i, sevgilisinden gelme bütün iyi duygularına rağmen, çiçekten soğutmaya başlamıştı. Zavallı Küçük Prens, aslında hiç de önemli olmayan birtakım lafları ciddiye almış, bu yüzden de bedbaht olmuştu.

Bana bir gün içini döktü:

"Dediklerine kulak vermemeliydim," dedi. "Çiçekleri dinlemeyeceksin; seyredecek, koklayacaksın. Benim çiçeğim, dünyamı güzel kokusuyla doldurmuştu. Yetinmedim, mesut olmasını bilmedim. Onun diken masalı beni kızdıracak yerde acındırmalıydı."

Daha açıldı:

"Acemiydim, bilemedim. Çiçeği laflarıyla değil, hareketleriyle değerlendirmeliydim. Beni güzel kokulara beliyor, çevremi ışıkla dolduruyordu. Onun küçük düzenbazlıkları arkasındaki sevgisini keşfetmeyi bilmeliydim. Çiçekler kolay anlaşılmazmış. Ama neyleyeyim ki, o zamanlar aşkı anlamayacak kadar gençtim."

IX

Görünüşe göre, yabani bir kuş kafilesinin göçünden faydalanarak gezegeninden ayrılmıştı. Yola çıkacağı günün sabahı, gezeginde temizlik yapmış, yanardağlarının bacalarına varıncaya kadar her tarafı silmiş, süpürmüş, derleyip toplamıştı. Küçük Prens'in gezegeninde yanar hâlde iki volkan vardı. Bunlar, Küçük Prens'in sabah kahvaltılarına mangal hizmeti görüyordu. Ayrıca bir de sönmüş yanardağ vardı. Küçük Prens, ne olur ne olmaz diye bu sönmüş yanardağın bacasındaki kurumları bile temizlemişti. Şayet bacalarındaki kurumlar alınmış olursa volkanlar usul usul, düzenle, taşmadan, etrafa dağılıp saçılmadan yanarlar. Volkanlar tıpkı birer ocaktır. Ne var ki, yeryüzü yanardağlarının bacalarını temizlemeye, kurumlarını almaya biz insanların gücü yetmiyor. Başımızın olmadık derde girmesi bundandır.

Küçük Prens, bu arada, biraz üzüntü ve hüzünle, baobap ağaçlarının yeni veren fışkınlarını da söktü. Bir daha

geri dönmeyi düşünmüyordu. Fakat bütün bu ev işleri, bu sabah ona nedense pek tatlı geliyordu.

Nihayet son bir defa çiçeği sulayıp da soğuktan, rüzgârdan koruyacak kavanozu onun üstüne örtmeye sıra gelince, Küçük Prens'in içine bir mahzunluk çöktü; âdeta dokunsalar ağlayacaktı.

"Allaha ısmarladık!" dedi.

Çiçek cevap vermedi. Bir daha "Allahaısmarladık!" dedi.

Çiçek öksürdü. Ama bu öksürük üşütmeden gelme bir öksürük değildi. Neden sonra, "Akılsızlık ettim," diye cevap verdi. "Affet beni. Mesut olmaya çalış!"

Küçük Prens, çiçeğin sitemsiz konuşmasına hayret etti. Ne yapacağını şaşırmış bir hâlde, elindeki kavanozla durakaldı. Çiçekteki tatlı sakinliğe mana veremiyordu. Çiçek, "Neye şaştın?" dedi. "Elbette seni seviyorum. Seni sevdiğimi anlamadın. Ama kabahat benim. Ne yapalım? Sen de benim kadar akılsızdın."

"Ya rüzgâr?"

"O kadar üşümedim. Hem gece serinliği iyi gelir. Ben çiçeğim."

"Hayvanlar?"

"Kelebeklerim olsun istiyorsam iki üç tırtıla katlanmalıyım. Çok güzelmişler. Artık kelebeklerden başka kimim olacak? Sen, uzaklardasın. Yırtıcı hayvanlar dersen, onlardan korkum yok. Benim de pençelerim var."

Hâlâ, çocukça, dört dikenini gösteriyordu. Sonra, "Şaşkın şaşkın durma öyle," dedi, "sinirlerimi bozuyorsun. Gitmeye karar verdin, git!"

Küçük Prens'e ağladığını göstermek istemiyordu; o kadar gururlu bir çiçekti.

X

Küçük Prens, 325, 326, 327, 328, 329 ve 330 numaralı astroidlerin bölgesinde bulunuyordu. Hem vakit geçirmek, hem bilgisini artırmış olmak için bu yıldızcıkları bir bir ziyaret etmeye başladı.

Birinci yıldızda bir kral oturuyordu. Sade, fakat haşmetli bir tahtın üstüne kurulmuş, arkasına kürkten ve kırmızı kadifeden yapılma bir cüppe giymişti. Küçük Prens'i görünce, "Ah, işte bir uyruk (tebaa)!" diye bağırdı.

Küçük Prens kendi kendine, "Yüzümü ilk defa görüyor, beni nasıl tanır?" dedi.

Bilmiyordu ki, krallar için dünya pek basittir. Bütün insanlar uyruktur.

Birine kral oldum diye pek gururlanan kral, Küçük Prens'e, "Yaklaş da yüzünü daha iyi göreyim!" dedi.

Küçük Prens, gözleriyle oturacak bir yer aradı, bulamadı. Kralın muhteşem cübbesi küçük dünyanın her yönünü kaplamıştı. Ayakta durmak zorunda kaldı. Çok yorgundu, esnedi. Kral, "Bir kralın huzurunda esnemek teşrifata aykırıdır. Esnemeni yasak ediyorum!" dedi.

Küçük Prens bozuldu:

"Kendimi tutamadım," diye cevap verdi, "uzun bir yoldan geliyorum, uykusuzum."

"Öyleyse," dedi kral, "esnemeni emrediyorum. Yıllar var ki esneyen birini görmedim. Esnemen benim için de eğlence oluyor. Haydi, bir daha esne! Emir veriyorum."

Küçük Prens kızardı:

"Utanıyorum," dedi, "artık esneyemem."

Kral, "Hum! Hum!" diye bir ses çıkardı. "Öyleyse... Öyleyse, bazen esnemeni, bazen de... Bazen de esnememeni emrediyorum."

Kral kemküm ediyor, canı sıkılmışa benziyordu.

Çünkü kral her şeyden önce emirlerinin tutulup tutulmadığına bakardı. Emir ve komutasına aykırı bir hareketi hiç bağışlamazdı. Dediği dedik bir kraldı bu. Ama iyi kalpli de bir kraldı. Hep akıllı uslu emirler verirdi.

"Şayet," derdi, "ben bir generale, 'deniz kuşu ol' dersem, o da bu emrime itaat etmezse, kabahat o generalde değil, bende olur."

Küçük Prens çekingen bir sesle krala, "Oturabilir miyim?" diye sordu.

Kral, "Oturmanı emrediyorum, otur!" diye cevap verdi, sonra kürklü cüppesinin eteğini bir ucunu toplayarak Küçük Prens'e bir oturumluk yer açtı.

Prens hayretler içindeydi. Gezegen o kadar ufaktı ki, burada kral neye ve kime hükmeder, diye düşünmekten kendini alamıyordu.

"Haşmetmeab," dedi, "size bir soru soracağımdan dolayı affınızı dilerim, siz..."

Kral hemen atıldı:

"Bana soru sormanı emrediyorum."

"Haşmetmeab, siz neyin kralısınız?"

Kral, gayet tabii bir tavırla, "Her şeyin kralıyım!" diye cevap verdi.

"Her şeyin mi?"

Kral kendinden emin bir el işaretiyle; üzerinde oturduğu gezegeni, öteki gezegenleri ve yıldızları gösterdi.

"Bütün bunların hepsinin mi?"

"Hepsinin!"

Oh, oh, bu kral sadece dediği dedik bir kral değil, aynı zamanda evrensel bir hükümdardı.

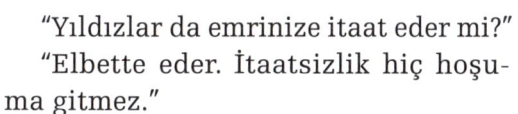

"Yıldızlar da emrinize itaat eder mi?"
"Elbette eder. İtaatsizlik hiç hoşuma gitmez."

Böylesine bir kudret kuvvet Küçük Prens'i allak bullak etti. Böyle bir kuvvet Küçük Prens'te de olsaydı, aynı gün içinde sandalyesini bile kımıldatmadan, değil kırk dört, yetmiş iki, yüz, hatta iki yüz defa güneşin batışını seyredebilirdi. Şu anda yüzüstü bıraktığı küçük dünyasının hatırasıyla mahzundu. Krala yalvardı:

"Bir güneş batışı seyretmek istiyorum. Ne olur lütfedin, emredin de güneş batsın."

"Bir generale, kelebek olup çiçekten çiçeğe konmasını yahut bir piyes yazmasını yahut da martı olmasını emredersem, o da bu emrimi tutmazsa kabahat kimde olur, onda mı, bende mi?"

Küçük Prens, "Tabii sizde olur," diye cevap verdi.

Kral, "Tamam!" dedi, "Öyleyse herkesten yapabileceği şeyi istemeli. Sözünü geçirmek için her şeyden önce akılcı olmalı. Sen eğer halkına denize at kendini dersen atmaz, isyan eder. Benim itaat beklemekte hakkım vardır, çünkü akıllıca emirler veririm."

Bir defa bir soru sordu mu, bir daha o sorudan vazgeçmeyen Küçük Prens, "Hani benim güneş batışım?" diye tekrar etti.

"Senin güneş batışın mı? Bekle görürsün. Biraz sonra emir vereceğim. Ancak, bunca krallık tecrübeme dayanarak, bu iş için şartların uygun olacağı zamanı bekliyorum."

"Şartlar ne zaman uygun olur?"

Kral kocaman bir takvime bakarak, "Hım hım..." diye mırıldandı. "Hım... Hım... Güneş, güneş bu akşam... Saat,

saat... Bu akşam saat yediyi... Yediyi kırk... Saat yediyi kırk geçe emrime nasıl itaat edildiğini göreceksin."

Küçük Prens esnedi. Güneşin dilediği anda batmamasına pek eseflenmişti. Kaldı ki artık canı da sıkılmaya başlamıştı. Krala, "Benim artık yapacak bir işim kalmadı burada," dedi, "gidiyorum."

Bir uyruk bulmuş olmaktan pek gururlanan kral, Küçük Prens'e, "Sakın gitme!" diye cevap verdi. "Kal burada! Seni vekil yapayım."

"Ne vekili?"

"Şey... Adalet vekili."

"Burada kim var ki adalet lazım olsun."

"Hiç belli olmaz. Krallığımın henüz her tarafını gezmedim. Çok ihtiyarım. Bir arabayla dolaşsam, arabayı nereye sığdırayım? Yaya dolaşsam yoruluyorum."

Yıldızın öbür yönüne bir göz atmak için eğilmiş olan Prens, "Ben gördüm gitti," dedi. "Öte yanda da kimsecikler yok."

Kral buna karşı, "Eh öyleyse, kendi kendini muhakeme edersin," dedi.

"Hem bu daha zor bir iştir. Bir insanın kendisini muhakeme etmesi, başkasını muhakeme etmekten çok daha güçtür. Şayet kendi kendini iyi muhakeme edebilirsen, bu, senin gerçekten olgun bir kişi olduğunu gösterir."

Küçük Prens, "Ben kendi kendimi nerede olsa muhakeme ederim. Bunun için ille burada kalmam gerekmez," diye cevap verdi.

Kral, "Hım... Hım..." dedi. "Galiba burada bir tarafta bir fare var, geceleri tıkırtısını işitiyorum. Bu fareyi muhakeme edersin, istediğin zaman onu idama mahkûm edersin. Bu suretle canı senin adaletinin elinde olur. Ama olmaya ki, asasın! Mahkûm eder, sonra da bağışlarsın. Çünkü gezegende başka fare yok."

"Ben," diye cevap verdi Küçük Prens, "idam hükmü vermekten hoşlanmam. Allahaısmarladık."

Kral, "Aman gitme!" diye yalvardı.

Küçük Prens, gitmeye davranmıştı bile. Fakat ihtiyar kralcığı da üzmek istemiyordu:

"Şayet majesteleri her zaman emirlerine itaat edilmesini istiyorlarsa, bu arada benim için de makul bir emir verebilirler. Mesela bana bir dakika vakit geçirmeden çekip gitmemi emredebilirler. Öyle sanıyorum ki, gitmem için gerekli şartlar da bir araya gelmiştir."

Kral bir cevap vermemişti. Küçük Prens bir an tereddüt geçirdi, sonra içini çekti ve ayrıldı.

Kral arkasından, "Seni elçi tayin ediyorum!" diye yırtınıyordu.

Fakat hâli gene de otoriteliydi.

Küçük Prens yol boyunca, "Şu büyükler pek tuhaf!" diye düşündü.

XI

Yıldızların ikincisinde kendini beğenmişin biri oturuyordu.

Kendini beğenmiş, daha uzaktan Küçük Prens'i görür görmez, "Ah! Ah! İşte bir hayran!" diye bağırdı.

Kendini beğenmişler için, bütün öteki insanlar kendilerinin hayranıdır.

Küçük Prens, "Günaydın!" dedi. "Ne tuhaf şapkanız var sizin."

Kendini beğenmiş, "Selamlamak içindir o," diye cevap verdi, "beni alkışlayanları selamlamak için. Ne yazık ki, yanıma kimsecikler uğramıyor."

Bu sözlerden bir şey anlamayan Küçük Prens, "Ya öyle mi?" dedi.

Kendini beğenmiş, Küçük Prens'e, "Ellerini çırp!" dedi.

Küçük Prens ellerini birbirine çarptı. Kendini beğenmiş, şapkasını çıkararak tevazu ile Küçük Prens'i selamladı.

Küçük Prens, "Bu adam kraldan daha eğlenceli," diye geçirdi içinden. Başladı durmadan onu alkışlamaya. Kendini beğenmiş, şapkasını çıkarıp çıkarıp Küçük Prens'i selamlıyordu.

Beş dakikalık bir denemeden sonra Küçük Prens oyunun biteviyeliğinden usandı:

"Şapkanın yerinde durması için ne yapmak lazım?" diye sordu.

Fakat kendini beğenmiş, onun sözlerine kulak asmadı. Kendini beğenmişler, yalnız kendilerini öven sözleri duyarlar. Küçük Prens'e, "Sahiden bana hayran mısın?" diye sordu.

"Sana hayran olmak ne demektir?"

"Bana hayran olmak demek, benim, gezegenin en güzel, en becerikli, en zengin, en zeki adamı olduğumu kabul etmek demektir."

"İyi ama, gezegeninde senden başka kimse yok ki!"

"Olsun, yine de bu zevki benden esirgeme!"

Küçük Prens hafifçe omuz silkerek, "Öyle olsun," dedi, "senin hayranınım. Ama bundan ne kazanacaksın bilmem ki?"

Bunu dedikten sonra Küçük Prens kalktı gitti.

Yolda kendi kendine kısaca, "Şu büyükler sahiden pek tuhaf," diye söylendi.

XII

Ondan sonraki gezegende bir ayyaş oturuyordu. Bu ziyareti pek kısa sürdü ama Küçük Prens'i derin bir keder içine attı.

Ayyaş, bir dolu şişeler, bir de boş şişeler koleksiyonu ortasına kurulmuş, sessiz sedasız oturuyordu. Küçük Prens, "Orada ne yapıyorsun?" diye sordu.

Ayyaş, asık bir suratla, "İçiyorum!" diye cevap verdi.

Küçük Prens yine sordu:

"Niçin içiyorsun?"

Ayyaş, "Unutmak için!" dedi.

Küçük Prens ona acımaya başlamıştı:

"Neyi unutmak için?" diye sordu.

"Utandığımı unutmak için!"

Küçük Prens, ona yardım edebilmek düşüncesindeydi:

"Neden utanıyorsun?" diye sordu.

"İçmekten!"

Ayyaş tekrar sessizliğine gömülmüştü.

Küçük Prens, hayretler içinde, yoluna devam etti.

Yolda yine kendi kendine, "Şu büyükler sahiden pek, hem de pek tuhaf!" diye söylendi.

XIII

Dördüncü gezegen, iş adamının gezegeniydi. Bu adam o kadar meşguldü ki, Küçük Prens'i yaklaşırken başını bile kaldırmadı. Küçük Prens, iş adamına, "Günaydın!" dedi. "Sigaranız sönmüş."

"Üç iki daha beş. Beş yedi daha on iki. On iki üç daha on beş. Günaydın. On beş yedi daha yirmi iki. Yirmi iki altı daha yirmi sekiz. Sigarayı yakacak vaktim yok. Yirmi altı beş daha otuz bir. Oof! Hepsi, beş yüz bir milyon altı yüz yirmi iki bin yedi yüz otuz bir."

"Beş yüz milyon ne?"

"Efendim? Sen hep orada mısın? Beş yüz bir milyon şey... Ne? Bilmiyorum. O kadar çok işim var ki. Boş lakırdılarla kaybedilecek vaktim yok. Ben ciddi bir adamım. İki beş daha yedi..."

Bir defa bir soru sordu mu, öldürsen o sorudan vazgeçmeyen Küçük Prens, "Beş yüz bir milyon ne?" diye tekrarladı.

İş adamı başını kaldırdı:

"Bu gezegende elli dört yıldan beri otururum. Bu kadar yıl içinde yalnız üç kere rahatsız edildim. Biri, bundan yirmi iki yıl önce, Allah bilir nereden düşüp geldi, bir mayısböceği tarafından. Gürültüsü öyle kafa şişiriyordu ki, bir toplam hesabında tam dört yanlış yaptım. İkincisi, on bir yıl önce. Bir romatizma ağrısı musallat oldu o zaman. Dizlerim ham. Dolaşmaya, egzersiz yapmaya vaktim yok. Ciddi işlerle meşgulüm. Üçüncüsüyse... İşte sen. Ne diyordum, evet beş yüz bir milyon..."

"Ne?"

İş adamı, Küçük Prens'in kendisini rahat bırakmayacağını anlamıştı:

"Hani zaman zaman gökyüzünde görülen milyonlarca küçük şey var ya..."

"Sinekler mi?"

"Hayır! Parlayan küçük şeyler."

"Arılar?"

"O da değil. Hani tembelleri hayale daldıran sarı sarı küçük şeyler, onlar!"

"Yıldızlar!"

"Tamam!"

"Beş yüz milyon yıldızı ne yapıyorsun?"

"Beş yüz bir milyon altı yüz yirmi iki bin yüz otuz bir yıldız. Ben ciddi adamım. Keskin konuşurum."

"Bu yıldızları ne yapıyorsun?"

"Ne mi yapıyorum?"

"Evet..."

"Hiç! Onların sahibiyim."

"Demek yıldızlar senin!"

"Evet."

"Ama ben daha önce bir kral gördüm, bu kral..."

"Krallar hiçbir şeye sahip değillerdir, onlar sadece hükmederler. İkisi ayrı ayrı şey."

"Yıldızlara sahip olmak senin ne işine yarıyor?"

"Zengin olmama yarıyor."

"Zengin olmak ne işine yarıyor?"

"Öteki yıldızları satın almama, mesela yeni keşfedilen bir yıldızı."

"Bu adamın da," diye düşündü Küçük Prens, "biraz bizim ayyaş gibi bir mantığı var."

Ama yine de sorularına devam etti:

"İnsan yıldızlara nasıl sahip olur?"

Bu sefer iş adamı sordu:

"Kimin bu yıldızlar?"

"Bilmiyorum. Herhâlde kimsenin değil."

"Öyleyse, onlar benim, çünkü ilk düşünen benim."

"Düşünmüş olmak yeter mi?"

"Elbette. Sahipsiz bir elmas bulsan kimin olur? Senin. Sahipsiz bir ada bulsan, kimin olur? Senin! Bir fikri ilk olarak sen düşünürsen, beratı senin olur, o fikir senindir. İşte ben de yıldızların sahibiyim. Çünkü benden önce hiç kimse yıldızlara sahip olmayı akıl etmemişti."

Küçük Prens düşündü:

"Doğru!" dedi. "Peki, bu yıldızları ne yapıyorsun?"

İş adamı, "İdare ediyorum," dedi, "sayıyorum, sonra bir daha sayıyorum.

Güç iş. Fakat dedim ya, ben ciddi adamım."

Küçük Prens bir türlü tatmin olmuyordu:

"Benim bir boyun atkım olsa, onu boynuma sarar, yanımda taşıyabilirim. Yahut bir çiçeğim olsa, koparır, koklar, alıp götürebilirim. Ama sen yıldızları toplayamazsın."

"Toplayamam. Ama bankaya korum."

"Ne demek bu?"

"Yani, yıldızlarımın miktarını bir küçük kâğıt üzerine yazar, sonra bu kâğıdı bir çekmeceye kitlerim."

"E, sonra?"

"Sonrası, bu kadar."

Küçük Prens, "Eğlenceli bir şey, oldukça da şairane..." diye düşündü. Ama iş adamın iddia ettiği kadar ciddi bir iş değildi.

Küçük Prens'in ciddi işler üzerindeki fikirleri, büyüklerin fikirlerinden bambaşkaydı:

"Benim," dedi, "bir çiçeğim var, onu her gün sularım. Üç yanardağım var, her hafta bacasını temizlerim. Hatta sönmüşünün bile. Ne olur ne olmaz diye. Ben, sahibi olduğum çiçeğe de, volkanlara da fayda sağlarım. Ama sen yıldızlarına faydalı değilsin."

İş adamı cevap vermek için ağzını açtıysa da söyleyecek söz bulamadı. Zaten o anda Küçük Prens de gezegenden ayrılıvermişti.

Yolda, Küçük Prens, "Şu büyükler olur şey değil!" diye düşünüyordu.

XIV

Beşinci gezegen pek merak uyandırıcıydı. Bütün gezegenlerin en küçüğüydü. Ancak bir sokak feneriyle fenercisini alabiliyordu. Gökyüzünün bir yönünde damsız adamsız bir küçücük gezegende bir sokak feneri, bir de fenercisi bulunması hikmetini Küçük Prens bir türlü anlayamamıştı. Bununla beraber kendi kendine dedi ki, "Gerçi bu adamın hâli abes, abes ama, kralla kendini beğenmişten, iş adamıyla ayyaştan daha abes değil. Hiç olmazsa, yaptığı işin bir manası var. Fenerini yaktığı zaman sanki bir yıldız doğmuş yahut bir çiçek açmış oluyor. Söndürdüğü zaman da o çiçek yahut o yıldız uykuya varıyor. Pek güzel bir uğraş doğrusu. Bir şey güzel olunca faydalı da olur."

Küçük Prens, gezegenin kenarına gelince fenerciyi saygıyla selamladı:

"Günaydın! Biraz önce fenerini niye söndürdün?"

Fenerci, "Ödev öyle olduğu için!" diye cevap verdi. "Günaydın."

"Ödev nedir?"

"Fenerimi söndürmek. Tünaydın."

Tekrar feneri yaktı.

"Öyleyse ne diye tekrar yaktın?"

Fenerci, "Ödev öyle olduğu için!" diye cevap verdi.

Küçük Prens, "Anlamıyorum!" dedi.

Fenerci, "Anlamayacak bir şey yok," dedi. "Ödev, ödevdir. Günaydın."

Fenerini söndürdü.

Sonra kırmızı kareli bir mendille alnının terini sildi:

"Berbat bir meslek!" dedi. "Eskiden bir manası vardı, sabah söndürür, akşam yakardım. Günün geri kalanında dinlenir, gecenin geri kalanında uyurdum."

"O zamandan beri emir değişti mi?"

"Emir değişmedi, asıl facia burada ya, gezegen yıldan yıla daha hızlı dönmeye başladı, fakat emir değişmedi."

"Sonra?"

"Sonrası, şimdi dakikada bir devir yapıyor, bir saniye bile dinlenemiyorum. Her dakikada bir yakıyor, söndürüyorum."

"Çok tuhaf! Demek burada gün bir dakika sürüyor."

Fenerci, "Bunun tuhaflık neresinde?" dedi, "Şurada sizinle konuşmaya başlayalı tam bir ay oldu."

"Bir ay mı?"

"Evet, yani otuz dakika. Otuz gün. Tünaydın."

Böyle diyerek fenerini yaktı.

Küçük Prens fenerciye baktı. Ödevine bu derece bağlı bu adamı pek sevmişti. Kendisinin, bir vakitler sandalyesinin yerini değiştirerek aradığı güneş batışlarını hatırladı. Dostuna yardım etmek istedi:

"Bak," dedi, "dilediğim zaman dinlenmek için bir çare biliyorum."

Fenerci, "Her zaman dinlenmek isterim ben," dedi.

Öyle ya insan, aynı zamanda hem işine bağlı, hem tembel olabilir.

Küçük Prens bulduğu çareyi söyledi:

"Gezegenin o kadar ufak ki," dedi, "üç sıçrayışta bütün çevresini boylamış olursun. Onun için ağır ağır yürürsen hep güneş altında olursun. Dinlenmek istediğin zaman yürümeye başla. O zaman gün, dilediğin uzunlukta olur."

Fenerci, "Büyük bir şey sağlamış olmam ki," dedi, "ben uyumaktan hoşlanırım."

Küçük Prens, "Öyleyse kaderine küs!" dedi.

Fenerci de, "Kaderime küsmeliyim," dedi. "Günaydın."

Böyle dedikten sonra fenerini tekrar söndürdü.

Küçük Prens, daha uzaklara doğru yoluna devam ederken kendi kendine, "Ötekiler olsa," diyordu, "yani kral, kendini beğenmiş, ayyaş, iş adamı olsa, şu adamla alay ederlerdi, onu hor görürlerdi. Oysaki bana gülünç gelmeyen tek kişi o. Belki de, kendisiyle değil de kendisinin dışında şeylerle uğraştığı için."

Esefle içini çekti:

"Tek bu adamı kendime dost edinebilirdim," diye söylendi, "ama ne yazık ki yaşadığı dünya sahiden pek ufak. Bir kişiden başkası orada barınamaz."

Küçük Prens aslında buna değil, yirmi dört saat içinde, bin dört yüz kırk defa güneş batışıyla mutlanmış bir dünyadan uzak kalışına üzülüyordu, ama bunu açıkça söyleyemezdi.

XV

Altıncı gezegen berikinden on defa daha geniş bir gezegendi. Burada kalın kalın kitaplar yazan kerli ferli bir ihtiyar oturuyordu.

Küçük Prens'i görünce, "İşte bir kâşif!" diye bağırdı.

Küçük Prens masanın üstüne oturdu, biraz soluk aldı. Yurdundan ayrılalı bir hayli yolculuk etmişti. İhtiyar zat ona, "Nereden geliyorsun?" dedi.

Küçük Prens de karşılık olarak, "Bu kocaman kitap nedir?" diye sordu. "Siz burada ne yapıyorsunuz?"

İhtiyar zat, "Ben, coğrafyacıyım!" dedi.

"Coğrafyacı ne demek?"

"Denizlerin, nehirlerin, şehirlerin, dağların, çöllerin yerini bilen bilgine coğrafyacı derler."

Küçük Prens, "Çok mühim!" dedi. "Nihayet gerçek bir uğraş gördüm."

Coğrafyacının gezegenine şöyle bir göz gezdirdi. Şimdiye kadar böyle heybetli bir gezegen görmemişti.

"Gezegeniniz çok güzel! Büyük denizleriniz de var mı?"

Coğrafyacı, "Bilemem ki!" diye cevap verdi.

"Aa! (Küçük Prens hayal kırıklığına uğramıştı) Dağlarınız?"

Coğrafyacı yine, "Bilemem ki!" diye cevap verdi.

"Şehirler, nehirler, çöller?"

Coğrafyacı, "Onları da bilemem!" dedi.

"Ama, coğrafyacısınız!"

Coğrafyacı, "Evet, coğrafyacıyım," dedi, "coğrafyacıyım, kâşif değil. Bir eksiğim kâşiflerim olmayışı. Şehirlerin, dağların, denizlerin, nehirlerin, çöllerin hesabını coğrafyacı tutmaz. Coğrafyacı önemli bir kişidir, orada burada dolaşmaya vakti yoktur. Masası başından ayrılmaz. O sadece kâşifleri kabul eder, onlardan sorar, hatıralarını not eder. Şayet içlerinden herhangi birinin hatıralarını meraklı ve faydalı bulursa o zaman, kâşifin ahlaki durumu üzerinde bir anket açtırır."

"Niçin o?"

"Çünkü yalancı bir kâşif yalanlarıyla bütün coğrafya kitaplarını altüst eder. Sarhoş bir kâşif de öyledir."

Küçük Prens, "Niçin?" dedi.

"Çünkü sarhoşlar biri iki görür. O zaman coğrafyacı, bir yerine iki dağ not etmiş olur."

Küçük Prens, "Böyle bir tanıdığım var," dedi, "kâşif olsaymış fena bir kâşif olurmuş."

"Mümkün! İşte bir kâşifin ahlaki durumu iyi bulundu mu o zaman keşfi üzerinde bir anket yapılır."

"Keşfettiği şey görmeğe mi gidilir?"

"Hayır! O zor olur. Yalnız kâşiften ispat istenir. Mesela büyük bir dağ keşfetmişse o dağdan büyük büyük taşlar getirmesi gerekir."

Coğrafyacı birden heyecanlandı:

"Sen, sen de uzaktan geliyorsun. Kâşifsin. Bana gezegenini anlatacaksın!"

Hemen defterini açarak, kurşunkalemini yonttu. Kâşiflerin anlattıkları ilkin kurşunkalemle not edilir, bunların mürekkebe geçirilmesi için, kâşifin ispatlarını vermesi beklenir.

Coğrafyacı, "Sizi dinliyorum!" dedi.

Küçük Prens, "Benim orası," dedi, "pek anlatmaya değer değil. Küçücük bir yer. Üç yanardağ var. İkisi yanar, biri sönük. Sönük ama, bilinmez."

"Bilinmez."

"Bir de çiçeğim var."

Coğrafyacı:

"Çiçekleri not etmeyiz!" dedi.

"Niçin? En güzeli de çiçekler."

"Çiçekler geçicidir."

"Geçici ne demek?"

Coğrafyacı, "Coğrafya kitapları," dedi, "bütün kitapların en değerlisidir. Hiç eskimezler. Olmaya ki bir dağ yer değiştirsin, büyük bir deniz çekilsin. Bunlar da pek olur işlerden değildir. Biz, ebedî olanı yazarız."

Küçük Prens onun sözünü kesti:

"Sönmüş volkanlar tekrar yanabiliyor. Geçici ne demek?"

Coğrafyacı, "Yanardağlar ister yanar olsun, ister sönmüş. Bizim için aynı şeydir. Bizi ilgilendiren dağın kendisidir. O yerinde durur."

Bir soruyu bir kere sordu mu, öldürsen ondan vazgeçmeyen Küçük Prens, "Geçici ne demektir?" diye tekrarladı.

"Geçici demek, gelecekte yok olmak tehlikesiyle karşı karşıya olan demektir."

"Benim çiçeğim, gelecekte yok olmak tehlikesiyle mi karşı karşıya?"

"Elbette!"

Küçük Prens kendi kendine "Demek çiçeğim geçici," diye düşündü, "kendini koruyacağı dört dikeninden başka bir şeyciği de yok. Öyleyken onu orada yapayalnız bıraktım."

Bu, Küçük Prens'in ilk pişmanlık duygusuydu. Fakat cesareti elden bırakmadı. Coğrafyacıya, "Buradan sonra nereyi ziyaret etmemi tavsiye edersiniz?" diye sordu.

Coğrafyacı, "Yeryüzü gezegenini!" diye cevap verdi. "Yeryüzünün büyük bir ünü vardır."

Küçük Prens oradan ayrıldı. Ama aklı hep çiçeğindeydi.

XVI

Böylece Küçük Prens yedinci gezegen olarak yeryüzüne geldi.

Yeryüzü rastgele bir gezegen değildi. Onda tam yüz on bir kral (zenci krallarla birlikte), yedi bin coğrafyacı, dokuz yüz bin iş adamı, yedi buçuk milyon ayyaş, üç yüz on bir milyon kendini beğenmiş, yani şu, bu, iki milyar sularında büyük adam yaşardı.

Size yeryüzünün çapı hakkında fikir vermiş olmak için diyeceğim ki, elektriğin icadından önce yeryüzünde, altı kıtası dâhil tam dört yüz altmış iki bin on bir fenerciden kurulma kocaman bir ordu vardı.

Bu, uzakça bir yerden seyredilince pek şahane görünürdü. Bu ordunun hareketleri tıpkı bir opera balesinin hareketleri gibi düzenlenmişti. İlkin Yeni Zelanda ile Avustralya fencileri sahneye çıkardı. Bunlar lambalarını yaktıktan sonra uyumaya giderlerdi. O zaman Çin ve Sibirya fencileri dansa katılırlardı. Sonra onlar da kulisin karanlığı içinde kaybolur, sıra Rusya ile Hindistan fencilerine gelirdi. Arkasından Afrika ile Avrupa'nın, onun arkasından Güney Amerika'nın, onun arkasından da Kuzey Amerika'nın fenercileri görünürdü. Bütün bu fenerciler hiçbir zaman sahneye giriş sıralarını şaşırmazlardı. Yüce bir şeydi bu.

Yalnız Kuzey Kutbu'nun biricik feneriyle onun dengi olan Güney Kutbu'nun biricik fenerinin yakıcıları kelimenin tam anlamıyla tembel, rahat bir hayat sürerlerdi: Bu iki fenerci yılda sadece iki defa çalışırdı.

XVII

İnsanın, parlak konuşayım deyince, sözlerine biraz yalan kattığı da olur. Ben de size fenercilerden söz ederken pek ucu ucuna konuşmadım. Yeryüzünü bilmeyenlere, yeryüzü hakkında yanlış bir fikir edinme tehlikesi yarattım. Yeryüzünde insanlar pek az yer kaplarlar. Yeryüzünde yaşayan iki milyar insan şayet biraz sıkışık olarak ayakta dursalar yirmi mil boyunda, yirmi mil eninde bir meydana kolayca sığınırlardı. İnsanoğullarını Pasifik Denizi'ndeki ufacık bir adaya doldurmak kabildir.

Büyük adamlar, elbette ki, size inanmayacaklar. Onlar çok yer kapladıklarını sanırlar. Kendilerine baobap ağaçları gibi önem verirler. Onun için siz onlara işin hesabını yapmalarını tavsiye edin. Büyükler rakamlara bayılır, bu teklif hoşlarına gider. Ama siz onlara verdiğiniz bu hesap cezasıyla boşuna vakit kaybetmeyin. Bana inanın.

Küçük Prens, yeryüzüne ayak basıp da, ilkin etrafında hiç kimsecikler göremeyince pek şaşırdı. Hele kumlar üstünde ay ışığı renginde bir halka kımıldayınca, Küçük Prens yanlış bir gezegene geldiği korkusuna kapıldı. Rastgele seslendi:

"İyi geceler!"

Yılan cevap verdi:

"İyi geceler."

Küçük Prens, "Acaba hangi gezegendeyim?" diye sordu.

Yılan, "Yeryüzünde. Afrika'da!" dedi.

"Ah! Yeryüzünde kimseler yok mu?"

Yılan, "Burası çöldür," dedi, "çöllerde insan olmaz. Yeryüzü büyüktür."

Küçük Prens bir taşın üstüne oturdu, gökyüzüne doğru baktı: "Acaba, dedi, yıldızlar, bir gün herkes kendi yıldızını bulabilsin diye mi böyle aydınlıktır? Benim yıldızıma bak. Tam üstümüzde. Ama ne kadar uzakta."

Yılan, "Güzel bir yıldız!" dedi. "Buraya niye geldin?"

Küçük Prens, "Bir çiçekle geçinemedim!" dedi.

"Ya!"

İkisi de sustular. Sonra Küçük Prens, "İnsanlar neredeler?" diye tekrar söze başladı. "Çölde kendimi biraz yalnız hissettim."

Yılan, "İnsanlar arasında da aynı hissi duyacaksın," dedi.

Küçük Prens, uzun uzun yılana baktı. Sonra, "Tuhaf bir hayvansın sen," dedi, "parmak kadar incesin."

Yılan, "Ama bir kralın parmağından daha güçlüyüm," diye cevap verdi.

Küçük Prens gülümsedi:

"Pek o kadar güçlü değilsin... Ayakların bile yok... Seyahat bile edemezsin."

Yılan, "Seni bir geminin götüreceğinden daha uzaklara götürebilirim," dedi.

Yılan, Küçük Prens'in ayak bileğine bir altın bilezik gibi halkalandı: "Ben dokunduğum insanı, çıktığı toprağa gönderirim. Ama sen tertemizsin, bir yıldızdan geliyorsun."

Küçük Prens cevap vermedi.

"Bu granitten dünyada sen o kadar zayıfsın ki... Sana acıyorum. Yıldızından ayrıldığına günün birinde pişman olursan, sana yardım edebilirim... Benim gücüm..."

Küçük Prens, "Pekiyi anladım," dedi. "Fakat niçin hep bilmecelerle konuşuyorsun?"

Yılan, "Ben bütün bilmeceleri çözerim," dedi.

Sustular.

XVIII

Küçük Prens çölü geçti. Yolda sadece bir çiçeğe rastladı. Üç yapraklı, yalınkat, önemsiz bir çiçek.

Küçük Prens çiçeğe, "Günaydın!" dedi.

Çiçek, "Günaydın!" dedi.

Küçük Prens terbiyeli terbiyeli, "İnsanlar nerede?" diye çiçekten insanları sordu.

Çiçek, vaktiyle bir gün bir kervanın geçtiğini görmüştü:

"İnsanlar mı?" dedi, "Var, zannederim, altı yahut yedi kişi. Yıllarca önce bir kere görmüştüm. Ama şimdi kim bilir neredeler. Rüzgâr onları dolaştırır durur. Kökleri olmadığı için çok sıkıntı çekerler."

Küçük Prens, "Allahaısmarladık," dedi.

Çiçek de "Güle güle!" dedi.

XIX

Küçük Prens yüksek bir dağa çıktı. Dağ diye o güne kadar gördüğü, boyu dizlerini aşmayan, üç volkancıktı. Bunlardan sönmüş olanını bir tabure gibi kullanırdı. Kendi kendine, "Bu kadar yüksek bir dağdan bütün gezegenleri, bütün insanları bir bakışta göreceğim," diye söylendi ama çevresinde sipsivri, çırılçıplak kayalardan başka bir şey göremedi.

Rastgele seslendi:

"Günaydın!"

"Günaydın... Günaydın... Günaydın..." diye bir yankı cevap verdi.

Küçük Prens, "Siz kimsiniz?" diye sordu.

"Siz kimsiniz... Siz kimsiniz... Siz kimsiniz..." diye cevap verdi yine yankı.

Küçük Prens, "Bana dost olun," dedi, "yalnızım."

"Yalnızım... Yalnızım... Yalnızım..."

"Ne tuhaf gezegen!" diye düşündü Küçük Prens, "Kavruk mu kavruk, yalçın mı yalçın, tuzlu mu tuzlu... İnsanlara gelince, zerre hayal güçleri yok.

Ne söylerseniz onu tekrarlıyorlar. Oysaki benim bir çiçeğim vardı, ilkin hep o konuşurdu..."

XX

Küçük Prens, kumlar, kayalar, karlar arasında uzun zaman yürüdükten sonradır ki, ancak bir yol ağzına ulaştı. Bütün yollar insanlara gider. Küçük Prens, "Günaydın!" dedi.

Güller açmış bir bahçe önündeydi.
Güller de "Günaydın!" dediler.
Küçük Prens güllere baktı.
Kendi çiçeğine benziyorlardı. Şaşırdı:
"Siz kimsiniz?" diye sordu.
Güller, "Biz gülüz!" dediler.
Küçük Prens, "Ah!" dedi.
Büyük bir bedbahtlık duydu. Çiçeği ona, evrende bir eşi daha bulunmadığı masalını uydurmuştu. Oysaki işte, yal-

nız bir bahçede, tıpı tıpkısına, beş bin tanesi birden vardı.

"Şu hâli görseydi," diye düşündü, "üzüntüden kahrolur, öksürükleri tutar, gülünç olmaktan kurtulmak için ölme taklidi yapardı. İster istemez onu yalancıktan avutacaktım, çünkü böyle olmadı mı, beni de pişman etmek için, sahiden ölmeye kalkışırdı."

Daha sonra düşüncelerine şöyle bir yön verdi:

"Eşi bulunmaz bir çiçeğim var diye dünyalar benim oluyordu, meğerse rastgele bir gülden başka bir şeycik değilmiş benimkisi. Bu gülle, boyları dizimi bile aşmayan, üstelik biri belki de bütün bütün sönmüş olan, üç yanardağım, beni büyük bir prens yapmaz."

Çimenler üzerine boylu boyunca uzanıp ağladı.

XXI

Tam bu sırada tilki göründü: "Günaydın!" dedi.

Küçük Prens, "Günaydın!" diye cevap vererek döndü, fakat kimseyi görmedi.

Tilkinin sesi, "Buradayım," dedi, "elma ağacının altında."

Küçük Prens, "Sen kimsin?" diye sordu, "pek güzelsin."

"Ben tilkiyim!" dedi tilki.

Küçük Prens tilkiye, "Gel benimle oyna," diye teklif etti, "çok kederliyim."

Tilki, "Ben seninle oynayamam," dedi, "ben ehlî değilim."

Küçük Prens, "Ah, affedersin!" dedi. Ama bir an düşündükten sonra, "Ehlî ne demek?" diye sordu.

Tilki, "Sen yabancısın," dedi, "burada ne arıyorsun?"

Küçük Prens, "İnsanları arıyorum," dedi. "Ehlî ne demektir?"

"İnsanların," dedi tilki, "tüfekleri vardır, avlanırlar. Can sıkıcı bir hâl. Tavuk da beslerler. İşleri güçleri tavuktur. Tavuk mu arıyorsun?"

"Yok," dedi Küçük Prens, "dost arıyorum. Ehlî ne demektir?"

Tilki, "Unutulmuş bir şeydir," dedi. "Bağ yaratmak demektir."

"Bağ yaratmak mı?"

"Evet," dedi tilki. "Sen benim için henüz, binlerce küçük çocuk arasında bir küçük çocuktan başka bir şey değilsin. Sana hiç de ihtiyacım yok. Senin de bana ihtiyacın yok. Ben de senin için binlerce tilkiden bir tanesiyim. Ama, sen beni ehlileştirirsen, bizim birbirimize ihtiyacımız olur. Sen benim için dünyada bir tane olursun, ben de senin için dünyada bir tane olurum."

Küçük Prens, "Anlamaya başlıyorum," dedi, "Bir çiçek var... Galiba o beni ehlileştirdi."

Tilki, "Olabilir," dedi, "bu türlü şeyler yeryüzünde olağan şeylerdir."

Küçük Prens, "Yeryüzünde değil!" dedi.

Tilkiyi merak aldı: "Ya başka bir gezegende mi?"

"Evet."

"Orada da avcılar var mı?"

"Yok."

"Bu çok önemli. Ya tavuk?"

"Tavuk da yok."

"Hiçbir şey dört başı mamur olamıyor," diye tilki içini çekti.

Fakat hemen asıl düşüncesine döndü:

"Hayatım biteviyelik içinde geçiyor. Ben tavuk avlıyorum, insanlar beni avlıyor. Bütün tavuklar birbirine benziyor. Bütün insanlar da birbirine benziyor. Bu yüzden biraz içim sıkılıyor. Ama, şayet sen beni ehlileştirirsen bana gün doğacak. O zaman, bütün öteki ayak seslerinden ayrı bir ayak sesi duyacağım. Ötekiler, beni yerin altına sokarken, seninkiler, bir musiki gibi, beni kovuğumdan dışarı çağıracak. Sonra, bak! Görüyor musun, ileride, buğday tarlaları var! Ben ekmek yemem. Buğdayla hiçbir ilgim yok. Buğday tarlaları bana bir şey söylemez. Keşke söylese. Fakat senin altın rengi saçların var. Sen beni ehlileştirdiğin zaman, bulunmaz bir şey olacak; altın rengi buğdaylardan seni hatırlayacağım. Buğdaylar üstünden esen rüzgârların sesini de seveceğim."

Tilki sustu, uzun uzun Küçük Prens'e baktı.

"Böyle olmasını istiyorsan, beni ehlileştir," dedi.

Küçük Prens, "İsterim, istemez olur muyum," dedi. "Ama vaktim dar. Daha bulmam gereken dostlar, öğrenmem, tanımam gereken şeyler var."

Tilki, "Bir şeyi tanımak için onu ehlîleştirmek lazımdır," dedi. "İnsanların da tanımaya vakitleri yoktur. Onlar her şeyi satıcılardan alırlar. Dostluk satan dükkânlar olmadığına göre, insanların dostları yoktur. Sen bir dost edinmek istiyorsan, beni ehlileştir."

Küçük Prens, "Bunun için ne yapmalıyım?" diye sordu.

Tilki, "Çok sabırlı olmalısın," dedi. "İlkin, biraz açığımda, otlar üstünde, şöylece oturursun. Ben sana göz ucuyla bakarım. Sen hiç sesini çıkarmazsın. Anlaşmazlıklar hep konuşmaktan gelir. Fakat, her gün biraz daha yakınıma doğru oturursun..."

Ertesi günü Küçük Prens tekrar tilkinin yanına geldi. Tilki, "Hep aynı saatte gelmen iyi olur," dedi. "Diyelim ki, öğleden sonra saat dörtte geliyorsun, ben o zaman daha saat üçten bahtiyar olmaya başlarım. Saat ilerledikçe bahtiyarlığım da artar. Saat dört oldu mu, sabrım tükenir, yerimde duramaz olurum; böylece saadetin değerini anlarını. Ama rastgele bir saatte gelecek olursan, ben kalbimi hangi saatte hazırlayacağımı bilemem... Töreler gerekli şeylerdir."

Küçük Prens, "Töre nedir?" diye sordu.

Tilki, "O da pek unutulmuş bir şeydir," dedi. "Günün birini öteki günlerden, saatin birini öteki saatlerden farklı kılan şeydir. Bir töreleri vardır, mesela, avcıların. Perşembe oldu mu, köyün kızlarıyla dans ederler. Onun için Perşembe, günlerin en bulunmazıdır. Ta bağlara kadar inerim. Şayet avcılar rastgele günlerde dans etselerdi, bütün günler birbirinin benzeri olur, ben de nefes alacak bir vakit bulamazdım."

İşte bu şekilde Küçük Prens tilkiyi ehlileştirdi. Ama vakta ki ayrılma zamanı geldi, Tilki, "Ah!" dedi, "Ağlayacağım."

Küçük Prens, "Kabahat senin," dedi, "ben sana fenalık etmeyi düşünmedim, ehlileşmeyi sen istedin."

"Ben istedim," dedi Tilki.

"Ama ağlıyorsun!"

Tilki, "Elbette ağlayacağım!" dedi.

"Öyleyse eline ne geçti?"

Tilki, "Buğdayın rengi var ya, o!" dedi.

Sonra şunları ilave etti: "Haydi şimdi git, güllere bir daha bak. Göreceksin ki seninki dünyada bir tanedir. Sonra bana Allahaısmarladığa geldiğinde sana bir sır armağan edeceğim."

Küçük Prens gülleri bir defa, daha görmeye gitti.

"Sizler hiç de benim gülüme benzemiyorsunuz, siz daha hiçbir şey değilsiniz," dedi onlara, "kimse sizi ehlileştirmemiş, siz de kimseyi ehlileştirmemişsiniz. Siz benim tilkim bir vakit neydiyse öylesiniz. Yüz binlerce tilkiye benzer bir tilkiydi. Fakat ben onu kendime dost edindim, şimdi dünyada bir tanedir."

Güller, bu sözlere üzülmüşlerdi. Küçük Prens, "Güzelsiniz, ama bomboşsunuz," diye konuşmasına devam etti. "Sizin için ölünemez. Alıcı gözle bakmayan bir kimse, elbette ki, benim gülümü size benziyor sanır. Ama o tek başına sizin topunuzdan daha önemlidir, çünkü suladığım gül odur. Cam mahfaza içine aldığım gül odur. Paravanla rüzgârlardan koruduğum gül odur. Kelebek çıksın diye ayırdığım iki üçü dışında, tırtıllarını öldürdüğüm gül odur. Çünkü o gül, benim gülümdür."

Sonra tilkinin yanına döndü: "Allahaısmarladık!" dedi.

Tilki, "Güle güle," dedi. Sonra, "Sana bir sır armağan edeceğimi söylemiştim," dedi. "İşte o sır, hem pek sade: İnsan ancak kalbiyle baktığı zaman iyi görür. Öz, gözlere görünmez."

Küçük Prens bu sözleri unutmamak için, "Öz, gözlere görünmez," diye tekrarladı.

"Gülünü önemli kılan gülün için harcadığın zamandır."

Küçük Prens bu sözleri unutmamak için yine "Gülümü önemli kılan gülüm için harcadığım zamandır," diye tekrarladı.

Tilki, "İnsanoğulları bu gerçeği unuttular," dedi. "Ama sen unutmamalısın. Ehlileştirdiğin şeye karşı ömrün oldukça sorumlusun. Gülüne karşı sorumlusun."

Küçük Prens bu sözleri unutmamak için, "Gülüme karşı sorumluyum!" diye tekrarladı.

XXII

Küçük Prens, "Günaydın!" dedi.

Demiryolu makasçısı da "Günaydın!" dedi.

Küçük Prens, "Burada ne yapıyorsun?" diye sordu.

Demiryolu makasçısı, "Paket paket yolcu dağıtıyorum," dedi. "Yolcuları taşıyan trenlerin kimini sağa, kimini sola gönderiyorum."

Işıklı bir sürat postası, gök gürültüsünü andıran bir gürültüyle makasçının kulübesini sarstı. Küçük Prens, "Çok acele ediyorlar," dedi, "ne arıyorlar?"

Makasçı, "Ne aradıklarını lokomotifi kullanan adam da bilmez," dedi.

İkinci bir ışıklı sürat postası, bu defa ters yönden, gürültüyle geldi.

Küçük Prens, "Hemen geri mi döndüler?" diye sordu.

Makasçı, "Bunlar aynı insanlar değil!" dedi, "Değiş tokuş oluyorlar."

"Oldukları yerden memnun değiller mi?"

Makasçı, "Hiç kimse olduğu yerden memnun değildir!" dedi.

Üçüncü bir ışıklı sürat postasının gürültüsü duyuldu.

Küçük Prens, "Birinci geçen yolcuları mı takip ediyor bunlar?" diye sordu.

Makasçı, "Hiçbir şeyi takip ettikleri yok onların!" dedi, "İçerde ya uyuyorlardır, ya esniyor. Yalnız çocuklar burunlarını cama dayarlar."

Küçük Prens, "Ne aradıklarını yalnız çocuklar bilir," dedi. "Bezden bir bebek için zaman kaybederler. Bebeğe öyle önem verirler ki, şayet onu ellerinden almaya kalkarsanız ağlamaya başlarlar."

Makasçı, "Çocuklar talihlidir," dedi.

XXIII

Küçük Prens, "Günaydın!" dedi.
Satıcı, "Günaydın!" diye cevap verdi.
Bu adam, susuzluk kesen haplar satıyordu. Bu haplardan bir tane yutunca insan bir hafta su içmek ihtiyacı duymuyordu.
Küçük Prens, "Bu hapları niçin satıyorsun?" diye sordu.
Satıcı, "Zamandan kazandırıyor da onun için!" diye cevap verdi. "Uzmanlar ölçmüşler. Haftada tam elli üç dakika kazanılıyor."
"Bu elli üç dakikayı ne yapıyorlar?"
"Ne isterlerse onu."

Küçük Prens kendi kendine, "Benim elli üç dakikalık boş zamanım olsaydı, ağır ağır bir çeşmeye doğru yürürdüm..." dedi.

XXIV

Çölde kazaya uğradığımın sekizinci günündeydik, yedek suyumun son damlasını içerken bu satıcı hikâyesini dinlemiştim. Küçük Prens'e, "Eh," dedim, "hatıraların çok güzel, yalnız ben daha uçağımı tamir edemedim, içecek bir damla suyum yok, imkân olsa şu anda ben de bir çeşmeye doğru ağır ağır yürümekten pek bahtiyar olurdum!"

Küçük Prens, "Dostum tilki..." dedi.

"Bırak dostun tilkiyi şimdi, delikanlı."

"Niçin?"

"Çünkü susuzluktan öleceğiz."

Dediğimden bir şey anlamadı, şu cevabı verdi:

"İnsan ölecek bile olsa, bir dostunun bulunması iyidir. Ben bir tilkiyi dost edinmekten memnunum."

Kendi kendime, tehlikeyi kavramıyor, diye düşündüm, şimdiye kadar ne acıkmış, ne susamış. Bir parça güneş ona yetiyor da artıyor bile...

Yüzüme baktı, düşüncemi okumuş gibi, "Ben de susadım," dedi, "Gidip bir kuyu arayalım."

Bezginliğimi gösteren bir hareket yaptım: Çölün uçsuz bucaksızlığı ortasında, rastgele, kuyu aramak manasızdı. Ama bile bile yola koyulduk.

Saatlerce, konuşmadan, yürüdük. Gece oldu. Gökte yıldızlar birer birer parlamaya başladı. Susuzluğun verdiği hafif fiyevr içinde, yıldızları rüyadaymışım gibi görüyordum. Küçük Prens'in kelimeleri hafızamda dans ediyordu.

"Demek sen de susadın, öyle mi?" diye sordum.

Fakat soruma cevap vermedi. Sadece dedi ki, "Su, kalbe de iyi gelir..."

Ne demek istediğini anlamadım ama, bir şey de söylemedim. Ona soru sormamak gerektiğini biliyordum.

Yorulmuştu. Oturdu. Ben de yanına oturdum. Bir sessizlikten sonra, "Yıldızlar güzel," dedi, "görünmeyen bir çiçek yüzünden."

"Öyledir," diye cevap verdim. Ay ışığında kum katlımlarını seyrediyordum.

"Çöl güzel!" diye ilave etti.

Dediği doğruydu; çölü daima sevmişimdir. Bir kum tepesinin üstüne oturursun. Hiçbir şey görmezsin. Hiçbir şey işitmezsin. Ama bir şey, bir şey vardır, sükûtla parıldar.

"Çölü güzel kılan," dedi Küçük Prens, "bir yerinde bir kuyu saklamasıdır."

Birden, kumların o esrarlı parıltısının sırrını anladım. Çocukluğumda eski yapı bir evde otururduk. Evin bir tarafında bir define saklı olduğu rivayet edilirdi. Tabii, kimsenin bu defineyi bulduğu yoktu, hatta arayan bile olmamıştı. Ama evin bir tarafında bir define yattığı fikri bütün evi büyülüyordu. Evimiz, derinliklerinde bir sır saklamaktaydı.

"Evet," dedim Küçük Prens'e, "ev olsun, yıldızlar olsun yahut çöl olsun, onları güzelleştiren şey gözle görülmeyen taraflarıdır."

"Pek memnun oldum," dedi. "Sen de tilkim gibi düşünüyorsun."

Küçük Prens'in uykusu gelmişti. Kucağıma alıp yola devam ettim. Elden çıkıverecek bir hazine taşıdığım duygusu içindeydim. Öyle ki, yeryüzünde ondan daha üzerine titrenecek bir başka şey yoktur diye düşünüyordum.

Ay ışığı vurmuş soluk alnına, kapalı gözlerine, rüzgârda titreşen perçemlerine bakıyor, içimden, "Gördüğüm bir ağaç kabuğundan başka bir şey değildir. Önemli olan tarafı, özü göze görünmüyor!" diye söyleniyordum.

Yarı açık dudakları hafif bir gülümseme resmediyordu. Gene kendi kendime dedim ki, "Bu uyuyan Küçük Prens'te beni bu kadar içlendiren şey, onun bir çiçeğe karşı gösterdiği bağlılık; onda bir lamba alevi gibi, hatta uyuduğu zaman, ışıldayan bir gül hayali bulmamdır."

Üzerine daha da titriyordum. Lambaları iyi korumalıdır: En küçük bir üfürü onları söndürüverir.

Böylece gide gide, gün doğarken bir kuyu başına vardım.

XXV

"İnsanlar," dedi Küçük Prens, "hem sürat katarlarını dolduruyorlar, hem de ne aradıklarını bilmiyorlar. Türkçesi, bostan beygirleri gibi dönüp duruyorlar."

Sonra ilave etti: "Değmez."

Yanına vardığımız kuyu sahra kuyularına benzemiyordu. Sahra kuyuları kumlar içinde oyulmuş basit çukurlardır. Buysa, bir köy kuyusunu andırıyordu. Ama etrafta köye benzer bir şey yoktu. Acaba rüya mı görüyordum?

Küçük Prens'e, "Çok garip!" dedim. "Her şey yerli yerinde: çıkrık, kova, ip." Güldü, ipe dokundu. Çıkrık döndü, üzerinden uzun zaman rüzgâr esmemiş ihtiyar fırıldakların iniltisi gibi bir inilti çıkardı. Küçük Prens, "Bak, dinle," dedi. "Kuyuyu uykusundan uyandırdık; şarkı söylüyor."

Yorulmasını istemiyordum:

"Sen işi bana bırak," dedim, "o kova sana ağır gelir."

Yavaş yavaş kovayı kuyunun bileziğine kadar çektim. Sonra devrilmeyecek şekilde yerleştirdim. Kulaklarımda hâlâ çıkrığın şarkısı vardı. Titreyen suda güneşin de titrediğini görüyordum.

Küçük Prens, "Bu suya susadım," dedi, "ver de içeyim..."

Ne aradığını anladım.

Kovayı dudaklarının hizasına kadar kaldırdım. Gözlerini kapadı, içti. Bir şenlik gibi tatlıydı bu. Bu su, bir besinden çok ayrı bir şeydi. Yıldızlar altında bir yürüyüşten, çıkrığın şarkısından, kollarımın çabasından doğmuştu. Armağan gibi, kalbe iyilik veriyordu. Nitekim çocukluğumda da, aldığım Noel hediyesinin bütün şaşaası, Noel ağacının ışığından, gece yarısı duasının musikisinden, gülümsemelerin tatlılığından gelirdi.

Küçük Prens, "Sizin burada insanlar, bir bahçede beş bin gül birden yetiştiriyorlar da, aradıklarını yine bulamıyorlar," dedi.

"Evet, bulamıyorlar," diye cevap verdim.

"Oysaki aradıkları belki de tek bir gülde yahut bir yudum sudadır."

"Elbette!" diye cevap verdim.

"Ama gözleri kapalı, görmüyorlar; insan, kalbiyle aramalı!" diye ilave etti.

Su içmiştim. Rahat nefes alıyordum. Kumlar, gün doğarken, bal rengindedir. Bu bal rengi de bana saadet veriyordu.

Küçük Prens yine yanıma oturmuştu. Usulca, "Sözünü tut bakalım!" dedi.

"Hangi söz?"

"Koyunuma bir tasma verecektin. Biliyorsun, o çiçeğin sorumluluğu var üzerimde."

Cebimden desen taslaklarımı çıkardım. Küçük Prens resimleri görünce güldü:

"Senin baobap ağaçları," dedi, "lahanaya benziyor."

"Ya!"

Bense baobap desenlerimi pek beğenirdim:

"Tilkinin... Kulakları... Onlar da boynuza benziyor... Çok uzun yapmışsın."

Yine güldü.

"Haksızlık ediyorsun, delikanlı," dedim. "Ben karnı kapalı yahut açık boa yılanı resminden başka resim yapmasını bilmem."

"Zarar yok, çocuklar bilir," dedi.

Bir tasma resmi çizdim, tereddütle uzattım:

"A!" dedim, "Bir şeyler düşünüyorsun ama ne olduğunu bilmiyorum."

Bu sözüme cevap vermedi. Başka bir söz etti:

"Yeryüzüne inişimin yarın yıldönümü, biliyor musun?"

Biraz sustuktan sonra arkasından, "Tam şuracığa düşmüştüm," diye ilave etti ve kızardı.

Yeniden içimde, sebebini anlamadığım garip bir üzüntü duydum.

Bu sırada aklıma geldi:

"Öyleyse," dedim, "sen burada, insanların bulunduğu bölgelerden binlerce mil uzakta, yapayalnız dolaşırken karşılaşmamız bir tesadüf değilmiş. Yeryüzüne ilk ayak bastığın noktaya dönüyormuşsun."

Küçük Prens kızardı.

Bir tereddüt geçirdikten sonra sordum:

"Yoksa yeryüzüne inişinin yıldönümü dolayısıyla mı?"

Küçük Prens yine kızardı. Küçük Prens sorulara hiçbir zaman cevap vermezdi ama, yüzü kızardı mı, bu hâli "evet" demekti. Öyle değil mi?

"Ah! Korktuğuma uğradım."

Fakat o bana, "Şimdi çalışmalısın artık," dedi. "Makinenin başına dön. Seni burada bekliyorum. Yarın akşam gel..."

Ona inanamıyordum. Tilkiyle dostluğu hatırıma geliyordu. Bağlılık böyledir; birine bağlandığınız zaman gözyaşı dökmeyi de göze almalısınız.

XXVI

Kuyunun yanında taştan yapılma eski bir duvar harabesi vardı. Ertesi akşam, işimin başından döndüğüm zaman, Küçük Prens'i o duvarın üstünde, bacaklarını sarkıtarak otururken gördüm. Kulağıma bir ses çalındı; konuşuyordu:

"Hatırlamıyor musun?" diyordu. "Tam burası değil."

Bir başka ses kendisine cevap vermiş olacak ki, yine "Evet, evet! Gündüzdü, ama yer burası değil," dedi.

Duvarın olduğu yere doğru yürümeme devam ettim. Ne başka bir ses işitiyor, ne kimseyi görüyordum. Fakat Küçük Prens konuşmaya devam ediyordu:

"Elbette. Kumlarda ayak izlerimin başladığı yeri göreceksin. Beni ancak orada bekleyebilirsin. Bu gece geleceğim."

Duvarla aramda yirmi metre kadar mesafe kalmıştı, yine de kimseyi göremiyordum. Küçük Prens, bir müddet sustuktan sonra, tekrar konuştu:

"Zehrin iyi mi? Uzun boylu acı vermeyeceğinden emin misin?"

Olduğum yerde durdum. Yüreğime bir ateş düşmüştü. Fakat olup biteni hâlâ anlayamıyordum.

"Haydi şimdi git!" dedi. "Ben oraya geleceğim."

O zaman gözüm duvarın dibine gitti, sıçradım. Duvarın dibinde Küçük Prens'e doğru dikilmiş, insanı otuz saniyede öldüren o sarı yılanlardan biri duruyordu. Tabancamı çekmek üzere cebime el atarak oraya doğru koştum. Ayak sesimi duyan yılan, düşen bir fıskiye gibi kumların üzerine aktı, istifini hiç bozmadan, hafif madenî bir gürültü çıkararak taşların arasında süzülüp kayboldu.

Duvarın yanına tam zamanında yetişmiştim. Prens çocuğu kollarımın arasına aldım. Kar gibi renksizdi.

"Bu yaptığın nedir? Şimdi de yılanlarla mı konuşuyorsun?"

Her zaman boynunda duran sarı renkli boyun atkısını çözdüm. Şakaklarını ıslattım, su içirdim. Şimdi kendisine bir şey sormaya cesaret edemiyordum. Derin gözlerle bana baktı, sonra, kollarını boynuma doladı. Kalbinin, karabinayla vurulup can çekişen bir kuşun yüreği gibi çarptığını duyuyordum.

"Makinedeki arızayı bulmuş olmana çok sevindim," dedi, "evine barkına kavuşabileceksin."

"Kim söyledi?"

Oysaki umulmadık şekilde motorumun arızasını bulup gidermiş olduğumu, ona henüz haber vermek üzereydim.

Sorduğuma cevap vermedi. Yalnız, "Ben de dönüyorum bugün!" dedi.

Sonra, hüzünlü, "Benimkisi, çok daha uzak... Çok daha güç..."

Olağandışı bir şey geçmiş olduğunu hissediyordum. Küçük bir bebekmiş gibi onu kucağımda sıkı sıkı tutuyordum. Ama bir boşluğa, bir uçuruma doğru dikeyine akıp gidiyor gibi geliyordu bana ve tutmaya, durdurmaya elim ermiyordu.

Bakışları ağır, ciddi, uzaklara doğru dönüktü:

"Yaptığın koyunu aldım. Koyun için bir de sandığım var. Bir de tasma..."

Hüzünle gülümsüyordu.

Epey zaman öyle bekledim. Yavaş yavaş ısındığını hissediyordum:

"Küçük dostum... Çok korkmuşsun..."

Korkmuştu, elbette. Ama hafifçe güldü:

"Bu akşam çok daha korkacağım..."

Kaybetmek, bir daha bulmamak duygusunun yeniden kanımı dondurduğunu hissettim. Anladım ki, bu gülüşü bir daha işitmemek fikrine dayanamam. Bu gülüş bana çölde bir çeşme gibiydi.

"Küçük kardeş, gülüşünü bir daha duymak istiyorum."

Fakat o bana başka şeyden söz açtı:

"Bu gece, tam bir sene olacak," dedi. "Benim yıldız, geçen yıl indiğim yerin tam üstünde bulunacak."

"Küçük kardeş, bu yılan olayı, buluşmanız, yıldız, bunların hepsi fena bir rüya, öyle değil mi?"

Soruma cevap vermedi.

"Önemli olan," dedi, "görülmeyen."

"Elbette..."

"Tıpkı, çiçeğim için olduğu gibi. Şayet bir yıldızda bulunan bir çiçeği seversen, ne tatlıdır geceleyin, gökyüzünü seyretmek. Bütün yıldızlar çiçeklenmiştir."

"Elbette..."

"Tıpkı su için olduğu gibi. Bana verdiğin su, çıkrığıyla, ipiyle bir musiki gibiydi... Hatırlarsın... İyiydi."

"Elbette..."

"Geceleri, yıldızları seyredeceksin. Benim yıldızım, yerini sana gösteremeyeceğim kadar ufak. Daha iyi böylesi. Benim yıldızım, senin için yıldızın biri olacak. O zaman, bütün yıldızlar, hepsini seyretmek hoşuna gidecek... Yıldızların hepsi senin dostun olacak. Sonra, sana bir de armağanım var..."

Yine güldü.

"Ah, küçük dostum, küçük dostum, bu gülüşünü ne kadar seviyorum."

"İşte armağanım bu sana... Tıpkı su için olduğu gibi..."

"Ne demek istediğini anlamadım."

"Bütün insanların yıldızı var ama aynı değil. Seyahat eden insanlar için yıldızlar sadece kılavuz. Birtakım insanlar için küçük aydınlıklardan başka bir şey değil. Birtakım insanlar için, ki bunlar bilgin kişiler, mesele. Benim iş adamına göre yıldızılar altındı. Ama bütün o yıldızlar susuyor. Senin başka hiç kimsede olmayan yıldızların olacak."

"Ne demek istediğini anlamıyorum."

"Geceleyin, gökyüzüne baktığın zaman, ben o yıldızlardan birinde olduğuma, o yıldızlardan birinde güleceğime göre, benimle birlikte bütün yıldızlar da senin için gülüyor demek olacak. Senin gülmesini bilen yıldızların olacak."

Bir daha güldü.

"Üzüntün geçtiği zaman (üzüntü daima geçer) beni tanıdığına memnun olacaksın. Her zaman benim dostum kalacaksın. Benimle birlikte gülmeye can atacaksın. Kimi zaman pencereni açacaksın, öyle, keyfin istediği için, ve gökyüzüne bakarak güleceksin. Bu hâlini gören tanıdıkların hayretler içinde kalacaklar. O zaman onlara diyeceksin ki, 'Evet, yıldızlar her zaman beni güldürür!' Deli olduğuna hükmedecekler. Sana kötü bir oyun oynamış olacağım..."

Yeniden güldü.

"Sanki sana yıldız yerine, gülmesini bilen bir yığın küçük çıngırak vermişim gibi..."

Bir daha güldü. Sonra ciddileşti:

"Bu gece... Biliyorsun... Gelme!"

"Senden ayrılmayacağım."

"Bir sancı çeker gibi olacağım. Biraz, ölüyor gibi bir hâl alacağım. Hepsi bu kadar. Bunu görmeye gelme, değmez."

"Seni bırakmayacağım."
Endişeliydi.
"Gelme derken, biraz da yılanı düşünüyorum. Seni de sokabilir. Yılanlar kötülüğü sever. Keyif için ısırabilir."
"Seni bırakmam."
Fakat bir şey endişesini yatıştırdı:
"İkinci sokuşa zehirleri kalmazmış."
O gece, yola çıkışını görmedim. Sessizce kaçmıştı. Koşup yetiştiğim zaman, hızlı adımlarla, kararlı kararlı yürüyordu. Beni yanında görünce sadece, "Ah, burada mısın?" dedi.

Elimi tuttu. Huzuru kaçmıştı:

"Doğru yapmadın," dedi. "Üzüleceksin. Ölü manzarasında olacağım. Ama gerçekte ölmüş olmayacağım."

Susuyordum.

"Ne demek istediğimi anlıyorsun. Gideceğim yer çok uzak. Bu gövdeyi taşıyamam, ağır gelir."

Susuyordum.

"Yere atılmış yaşlı bir ağaç kabuğunu hatırlatan bir hâl. İhtiyar kabukların manzarası insana hüzün vermez."

Ben, susuyordum.

Biraz cesaretini kaybetti. Ama bir gayret daha yaptı:

"Çok hoş olacak, biliyor musun," dedi. "Ben de yıldızları seyredeceğim. Bütün yıldızlar paslı çıkrıklarıyla birer kuyu olacak. Bütün yıldızlar bana su verecek."

Susuyordum.

"Aman ne eğlenceli! Senin beş yüz milyon çıngırağın, benim beş yüz milyon çeşmem..."

O da sustu. Çünkü ağlıyordu.

"Geldik. Bırak beni. Yalnız başıma bir iki adım atayım."

Oturdu. Korkmuştu.

Sonra, "Biliyorsun... Çiçeğim... Çiçeğimin sorumluluğu var üzerimde. Ne kadar zayıf, biliyorsun, ne kadar saf. Dört dikenciği var, ama bir işe yaramaz, tehlikeden onu koruyamaz," dedi.

Ben de oturdum, çünkü artık ayakta duracak takatim yoktu.

"İşte böyle... Hepsi bu kadar..." dedi.

Biraz daha tereddüt ettikten sonra kalktı. Bir adım attı. Ben, olduğum yerden kımıldayamıyordum.

Topuğunun yanında sarı bir parıltı yanıp söndü. Küçük Prens bir an hareketsiz durdu. Bağırmadı. Sonra bir ağaç devrilir gibi yavaşça devrildi. Yer kum olduğu için gürültüsü bile duyulmadı.

XXVII

Şimdi, üzerinden tam altı sene geçti... Bugüne kadar bu olayı kimseye anlatmadım. Arkadaşlarım beni karşılarında hayatta görünce çok sevindiler. Hüzünlü hâlime, yorgunluktan, diye bahane buldum.

Şimdi biraz avunmuş durumdayım. Bütün bütün değil, biraz. Yıldızına kavuştuğundan eminim. Çünkü sabahleyin, ortalık ışıyınca, gövdesini göremedim: Bu gövde o kadar ağır bir gövde değildi. Artık geceleri yıldızları dinlemek hoşuma gidiyor. Sanki beş yüz milyon çıngırak...

Fakat işe bakın ki, olağanüstü bir durum var. Küçük Prens'e çizdiğim tasmaya kayış yapmayı unutmuşum. Tasmayı koyuna takamayacak. Kendi kendime, "Ne yapacak acaba," diyorum, "sakın koyun çiçeği yemesin!"

Sonra aklıma geliyor: "Yok," diyorum, "yemez. Küçük Prens çiçeğini geceleri cam kavanoza kapatır, koyuna da göz kulak olur..." Böyle düşününce keyfim yerine geliyor. Yıldızlar hafifçe gülümsüyor.

Bir de düşünüyorum: "Hiç mi dalgın olmaz? O zaman tamam. Bir akşam kavanozu kapamayı unutur yahut koyun geceleyin, sessizce sandığından çıkar..." Ben böyle düşününce çıngıraklar ağlamaya başlıyor.

Burada büyük bir sır var. Benim gibi, Küçük Prens'i seven sizler için de, bu evrende hiçbir şey, neresi olduğu bilinmeyen bir yerde bilinmeyen bir koyunun bir gülü yemesi yahut yememesi kadar önemli olamaz.

Gökyüzüne bakın. Sorun: "Koyun gülü yedi mi, yemedi mi?" Göreceksiniz ki, her şeyin çehresi ona göre değişecek,

Fakat bunun bu kadar önemli olduğunu büyüklere anlatamazsınız!

Bu, benim için, yeryüzünün en güzel ve en acı resmidir. Bir önceki sayfadaki görünümün eşidir, ama, hiç unutmamanız için, bir kez daha çizdim size onu. İşte burada belirdi ve sonra göğe çekildi Küçük Prens.

İyi bakın bu görünüme, bir gün Afrika'ya, çöle yolunuz düşerse, tanımadan geçip gitmeyin. Buralara ulaşmışsanız, yalvarırım size, hemen uzaklaşmayın, tam yıldızın altında bekleyin bir süre! Size doğru bir çocuk geliyorsa, gülüyorsa, altın saçları varsa, sorulduğunda karşılık vermiyorsa, anlayın ki odur. Yalvarırım incelik gösterin! Beni böylesine kederli bırakmayın: geri döndüğünü yazın bana...

SON[*]

---

[*] Son iki paragraf, kitabı hazırlarken esas aldığımız, Ahmet Muhip Dıranas'ın çevirisinin yayımlandığı dergi tefrikasında mevcut değildir. *Küçük Prens*'in orijinalinde var olan bu kısım Selim İleri'nin çevirisinden alınmıştır.